essentials

essentials liefern aktuelles Wissen in konzentrierter Form. Die Essenz dessen, worauf es als „State-of-the-Art" in der gegenwärtigen Fachdiskussion oder in der Praxis ankommt. *essentials* informieren schnell, unkompliziert und verständlich

- als Einführung in ein aktuelles Thema aus Ihrem Fachgebiet
- als Einstieg in ein für Sie noch unbekanntes Themenfeld
- als Einblick, um zum Thema mitreden zu können

Die Bücher in elektronischer und gedruckter Form bringen das Fachwissen von Springerautor*innen kompakt zur Darstellung. Sie sind besonders für die Nutzung als eBook auf Tablet-PCs, eBook-Readern und Smartphones geeignet. *essentials* sind Wissensbausteine aus den Wirtschafts-, Sozial- und Geisteswissenschaften, aus Technik und Naturwissenschaften sowie aus Medizin, Psychologie und Gesundheitsberufen. Von renommierten Autor*innen aller Springer-Verlagsmarken.

Weitere Bände in der Reihe http://www.springer.com/series/13088

Bernd Zirkler · Jonathan Hofmann ·
Sandra Schmolz · Ilona Bordiyanu

Basel IV in der Unternehmenspraxis

2. Auflage

Bernd Zirkler
Westsächsische Hochschule Zwickau
Zwickau, Deutschland

Jonathan Hofmann
Westsächsische Hochschule Zwickau
Zwickau, Deutschland

Sandra Schmolz
Tutzing, Deutschland

Ilona Bordiyanu
Kazakh-American Free University
Ust-Kamenogorsk, Kasachstan

ISSN 2197-6708   ISSN 2197-6716   (electronic)
essentials
ISBN 978-3-658-35017-8   ISBN 978-3-658-35018-5   (eBook)
https://doi.org/10.1007/978-3-658-35018-5

Die Deutsche Nationalbibliothek verzeichnet diese Publikation in der Deutschen Nationalbibliografie; detaillierte bibliografische Daten sind im Internet über http://dnb.d-nb.de abrufbar.

Planung/Lektorat: Vivien Bender
Springer Gabler ist ein Imprint der eingetragenen Gesellschaft Springer Fachmedien Wiesbaden GmbH und ist ein Teil von Springer Nature.
Die Anschrift der Gesellschaft ist: Abraham-Lincoln-Str. 46, 65189 Wiesbaden, Germany

Was Sie in diesem *essential* finden können

- Die dynamische Entwicklung im Bereich der Regulatorik, verbunden mit einer stetig zunehmenden Komplexität regulatorischer Anforderungen
- Weshalb eine kontinuierliche Weiterentwicklung der Basler Regelwerke erforderlich ist
- Insbesondere einen praxisbezogenen und schnell verständlichen Überblick über die Änderungen zwischen den Regelwerken von Basel III und ‚Basel IV'
- Welche Herausforderungen ‚Basel IV' für Kreditinstitute mit sich bringt
- Welche Implikationen für Betriebe zu erwarten sein könnten

Geleitwort

Basel ist – nach wie vor – nicht nur ein Bankenthema!
Diese (ergänzte) Aussage des Geleitwortes zur ersten Auflage aus dem Jahr 2014 hat auch heute noch Gültigkeit. Während damals die Basel-Abkommen außerhalb der Bankenwelt allenthalben nur geringfügig beachtet wurden, ist heute dieses Bewußtsein etwas weiter verbreitet. Trotzdem sind noch nicht alle Wirkmechanismen dieser internationalen Abkommen, die über die nationalen Gesetzgebungen mittlerweile in über 100 Ländern (z. T. in abgeschwächter Form) gelten, auf die Realwirtschaft erforscht bzw. verbreitet. Obwohl die Basel-Regularien zunächst wirklich nur zwingende Vorgaben für die Kreditwirtschaft bedeuten, muss man immer wieder auf ihre Durchgriffswirkung auch für jedes Unternehmen hinweisen.

In diesem Jahrzehnt der 2020er Jahre sind die ersten internationalen Diskussionen über Bankenregulierung, die über Basel I nun schon zu Basel IV geführt haben, 50 Jahre vorbei. Die ständige Weiterentwicklung und Globalisierung hat die Regeln verändert, weswegen dieses neue Buch einen wertvollen Beitrag zur Darstellung der aktuellen Situation bietet. Aufbauend auf der ersten Auflage haben die Autoren, unter Gewinnung der Mitarbeit einer internationalen Kollegin der Kazakh-American Free University in Ust-Kamenogorsk (Kasachstan), den Lehrstoff an vielen Stellen verschlankt und entschlackt, dafür die vielen neuen Aspekte, Regeln und Wirkungen gekonnt aufbereitet und auf aktuellem Diskussions- und Gültigkeitsstand abgebildet. So wurde insbesondere auf die Änderungen von Basel III zu Basel IV fokussiert, stellt damit die Rechtsänderungen des Ausschusses dar und hat somit als primäre Zielgruppen Beschäftigte der Kreditwirtschaft sowie Studierende, die sich in einem Studiengang oder in Vorbereitung auf eine Beschäftigung in der Kreditwirtschaft befinden, im Fokus.

Darüber hinaus sind natürlich auch (künftige) Entscheidungsträger in allen anderen Branchen, die in letzter Konsequenz als Schnittstelle und Einflußfaktor die Kreditwirtschaft zur Beschaffung des Fremd- (wie gelegentlich auch des Eigen-) Kapitals benötigen, als wichtige Ansprechgruppe zu sehen, weswegen dieses Buch auch „Basel IV in der Unternehmenspraxis" heißt. Dies ist besonders wichtig, da große (Finanzierungs-) Fragestellungen in Unternehmen immer nur interdisziplinär und übergreifend gelöst werden können. Letztendlich sollten und können sich auch politische Entscheidungsträger, z. B. aus Kommunen, die oftmals über die regionale Wirtschaftsförderung auch sehr engen Kontakt zu den Themen und Wirkungen von „Basel" haben, sich mit dem Essential-Band vertraut machen.

In diese Richtung zielte auch schon die erste Auflage, die gut angenommen worden ist. Ich hoffe, dass auch die nun vorliegende wesentlich überarbeitete, erweiterte, ergänzte und stringent auf Basel IV fokussierende zweite Auflage dazu führt, dass sich noch mehr Personen in der Unternehmensführung bzw. in den Finanzabteilungen der Realwirtschaft mit der Notwendigkeit, die Regeln kennenzulernen und im eigenen Unternehmen auch proaktive Steuerungs- und Kontrollmechanismen zu initiieren, beschäftigen. Das Verständnis für die Regeln und Vorgänge in Banken kann den unternehmerisch Verantwortlichen in der Realwirtschaft neue Erkenntnisse und besseres Agieren in der notwendigen vertraglichen Kooperation mit der Kreditwirtschaft ermöglichen.

Und gerade in dieser Zeit, wo sowohl die Endredaktion der Neuauflage als auch dieses Geleitwort aufgrund der Corona/COVID19-Einschränkungen im jeweiligen Homeoffice entstehen, ist die Wirtschaft wieder in einer Krise, der stärksten Krise seit rund 100 Jahren. Die Belastungen sind nun aber primär umgekehrt zu sehen. Während in der Finanzkrise 2008 ff. zunächst Banken strauchelten und die Realwirtschaft im Nachgang mit belastet wurde, haben wir nun durch den Lock-down von praktisch allen Ländern und Ökonomien zunächst realwirtschaftliche Probleme, die dann auf die Bankenwelt durchschlagen können. Die Politik hat dies erkannt und neben den hygienischen Anordnungen (Ausgangssperren etc.) auch beispiellose ökonomische Hilfsprogramme gestartet.

Klar ist, dass wir nach Bewältigung der Pandemie im Nachgang Diskussionen über die Wirksamkeit der bisherigen Basel-Regularien und notwendigen weiteren Anpassungen und Veränderungen haben werden. Ich hoffe, dass dieser Band in den nächsten Jahren dazu beiträgt, das Wissen um den gegenwärtigen Stand der Regeln zu verbreiten und aufbauend auf dann guten Kenntnissen Weiterentwicklungen, Anpassungen, Verbesserungen sowohl des Regelwerks als auch des Verhaltens, der Prozesse, der Entscheidungsfindung in allen Branchen der Wirtschaft umzusetzen.

Basel ist nicht nur ein Bankenthema! Das galt mindestens seit Basel II, und immer noch bei Basel IV.

Prof. Dr. rer. pol. Dr. h.c. mult. H.-Christian Brauweiler

Lehrstuhl für ABWL, insb. Betriebliches

Rechnungswesen und Interne Revision

WHZ Zwickau

Vorwort

Seit geraumer Zeit ist der Terminus *Krise* annähernd omnipräsent. Vorwiegend über mediale Kanäle werden – vermeintliche – Krisen über lange Zeiträume minutiös reflektiert, weswegen selbst im privaten Sprachgebrauch die Verwendung des Begriffs ubiquitäre Tendenzen aufzuweisen scheint. Aus etymologischer Perspektive lässt sich der heutzutage vergleichsweise negativ konnotierte Terminus bis zum altgriechischen Substantiv *krísis* zurückverfolgen, welchem ursprünglich die Bedeutungen ‚Entscheidung‘ und ‚Wendepunkt‘ immanent waren. Erst zu einem späteren Zeitpunkt kamen jene der ‚Zuspitzung‘ sowie der ‚bedenklichen Lage‘ hinzu. Die Autoren des vorliegenden Essentials plädieren dafür, sich im Zusammenhang mit Krisen einer ihrer originären Bedeutungen wieder stärker bewusst zu werden, nämlich jener des ‚Wendepunkts‘. Wurden *Risiken* traditionell im Sinne der Existenz einer ‚Gefahr‘ interpretiert, so wandelte sich deren Begriffsbedeutung insbesondere in der betriebswirtschaftlichen Literatur dahingehend, dass sich Risiken in einer positiven oder negativen Abweichung von einem Erwartungswert manifestieren. Negative Abweichungen werden mit Gefahren, positive Abweichungen hingegen mit Chancen assoziiert. In Analogie hierzu lassen sich Krisen als Wendepunkte zu einem schlechteren oder – idealerweise – besseren Zustand auffassen.

Es ist evident, dass die globale Finanzkrise der Jahre 2007/2008 sowie die sich daran anschließende sogenannte Eurokrise ab 2009 weitreichende negative ökonomische Auswirkungen nach sich zogen. Demgegenüber ist wiederum zu konstatieren, dass die vorbezeichneten Krisen dem Basler Ausschuss für Bankenaufsicht (BCBS), dessen Sitz an der Bank für Internationalen Zahlungsausgleich in Basel verortet ist, als Impuls dienten, die bis dato geltenden Regelungen der Eigenkapitalrichtlinie *Basel II* hinsichtlich ihrer Wirksamkeit zu hinterfragen und grundlegend zu adjustieren. Als Ergebnis mannigfaltiger Konsultationen präsentierte der BCBS im Dezember 2010 die für Banken geltende Endfassung novellierter Regulierungsvorschriften, welche unter dem Begriff *Basel III* bekannt wurden und – mit bemerkenswertem zeitlichen Abstand – zum 01.01.2014 formal als Eigenkapitalrichtlinie *Capital Requirements Directive IV* (CRD IV) in der Europäischen Union unter Einräumung von zeitlich zum Teil großzügig bemessenen Übergangsbestimmungen in Kraft traten.

Die Eigenkapitalrichtlinie Basel III erfuhr indes zum einen durch Evaluierung sachkritischer Experteneinschätzungen sowie zum anderen auf der Grundlage gesammelter praktischer Erfahrungen in den Folgejahren umfangreiche Anpassungen und Ergänzungen, welche der Basler Ausschuss im Dezember 2017 als Reformpaket vorstellte, abermals in Details adjustierte und im Dezember 2019 als in sich geschlossenes Consolidated Framework verabschiedete. In der offiziellen Diktion des Basler Ausschusses handelt es sich bei diesem Beschluss um die Finalisierung des Basel III-Regelwerks, welche die bereits geltenden Regelungen lediglich konkretisieren und hinsichtlich ihrer Anwendung präzisieren. Allerdings wurden diese adjustierten Standards nicht ohne Grund bereits in der Phase ihrer Erarbeitung unter Praktikern als *Basel 3.5* bezeichnet und sind im Hinblick auf die Beschlussfassung vom Dezember 2019 schließlich unter dem Begriff *Basel IV* bekannt geworden. Demgemäß ist einerseits zu konstatieren, dass die Bezeichnung Basel IV keine offizielle des Basler Ausschusses ist, andererseits sind sowohl die Quantität, als auch die Qualität vorgenommener Überarbeitungen und Ergänzungen des Basel III-Regelwerks derart fundamental, dass sich die Autoren des vorliegenden Essentials jenen Experten anschließen, welche die Verwendung des Begriffs *Basel IV* für legitim erachten, weswegen dieser Terminus Bestandteil des Titels der 2. Auflage ist.

Bei der Erarbeitung dieses Essentials wurde der Datenstand per 31.12.2020 zu Grunde gelegt. Dessen wesentliche Intention ist es, einerseits einen betont praxisbezogenen und schnell verständlichen Überblick über die Änderungen zwischen den in den Regelwerken von Basel III und Basel IV enthaltenen Vorschriften zu vermitteln sowie andererseits die hieraus zu erwartenden, nicht unwesentlichen Herausforderungen für Kreditinstitute zu skizzieren. Vor diesem Hintergrund ist die 2. Auflage des Essentials als praxisbezogenes Grundlagen-, beziehungsweise Nachschlagewerk für die Thematik *Basel IV* im Kontext potenzieller Auswirkungen auf Kreditinstitute konzipiert und richtet sich daher primär an Mitarbeiter des Finanzsektors. Weitere Adressaten sind ferner Geschäftsführer, Finanzmanager, Treasurer, Controller sowie Bereichsleiter aus anderen Branchen, aber ebenso Studierende, welche an Universitäten, Fachhochschulen und Berufsakademien weiterführende Veranstaltungen in der Disziplin Finanzmanagement besuchen.

Die genannten potenziellen Adressaten außerhalb des Finanzsektors sind insbesondere deswegen angesprochen, weil evident ist, dass ‚Basel' zwar vordergründig, allerdings nicht ausschließlich ein Kreditinstitute betreffendes Thema ist, wie *H.-Christian Brauweiler* – welcher dankenswerterweise ein weiteres Mal das Wort zum Geleit formulierte – vollkommen zutreffend anmerkte. Geschäftsbanken ist aus volkswirtschaftlicher Perspektive zwar insbesondere im Prozess der Geldschöpfung eine fundamentale Rolle immanent, gleichwohl erfüllen diese ebenso Transformationsfunktionen und treten demgemäß zwischen Kapitalangebot und -nachfrage im übertragenen Sinne als Intermediär auf. Im Zuge des Kapitalisierungsprozesses der Privat- sowie der öffentlichen Wirtschaft fugieren typischerweise Kreditinstitute als vorgelagerte Instanz, weswegen die Regelungen der Basler Eigenkapitalvereinbarung nachgelagert auch diese tangiert.

Die Tragweite dieser Tatsache wird sich im Hinblick auf aktuell stattfindende und weiterhin zu erwartende ökonomische Verwerfungen im Zusammenhang mit der Covid-19-Pandemie noch zeigen. Vielen Branchen sehen sich augenblicklich mit Herausforderungen historischen Ausmaßes konfrontiert. Die zum Teil existenzbedrohenden Umsatzeinbrüche haben zur Folge, dass das Niveau betrieblicher Einzahlungen schneller sinkt, als dieses durch eine Reduzierung laufender Auszahlungen kompensiert werden kann, weswegen bestehende Liquiditätsreserven sukzessive aufgebraucht werden. Sofern auf kurz- bis mittelfristige Perspektive keine frischen Kapitalmittel von außen zugeführt werden, befinden sich betreffende Unternehmen in akuter Gefahr, dass Insolvenzverfahren auf Grund von (drohender) Zahlungsunfähigkeit obligatorisch zu eröffnen sind. In diesem Zusammenhang ist nicht auszuschließen, dass branchenübergreifend Kapitaldienste für laufende Verbindlichkeiten in beträchtlichen Volumina nicht mehr geleistet werden können, eine Vielzahl von Krediten toxisch werden und mit zeitlichem Abstand Kreditinstitute die jeweiligen Forderungen aufwandswirksam abschreiben müssen. Sofern sich Kreditinstitute mit der vorbezeichneten Situation konfrontiert sehen sollten, gilt es unterschiedliche Risiko-Szenarien zu entwerfen, hinsichtlich ihrer Eintrittswahrscheinlichkeit zu quantifizieren und Handlungsbedarfe abzuleiten. In einem Best-Case-Szenario werden beispielsweise lediglich die anvisierten Gewinnziele verfehlt, gleichwohl wird ein Jahresüberschuss ausgewiesen. Im Rahmen eines Trend-Szenarios würden gegebenenfalls realisierte Jahresfehlbeträge dazu führen, dass zum einen aus Vorjahren fortgeschriebene Bilanzgewinne aufgezehrt werden und demgemäß das Eigenkapital sinkt, weswegen insbesondere der Aufbau regulatorisch geforderter Kapitalpuffer Rückschläge erleiden würde und die Situation einer Unterkapitalisierung drohte. Zum anderen würde beispielsweise eine korrespondierend sinkende Leverage Ratio dazu

führen, dass sich Potenziale hinsichtlich der Generierung ertragswirksamer Neu-
geschäfte nicht heben ließen und demgemäß zusätzlich zu realisierten Verlusten
noch Opportunitätskosten anfielen. In einem Worst-Case-Szenario wäre nicht auszuschließen, dass der Ausfall signifikanter Bestandteile der risikogewichteten
Aktiva einträte, die Existenzsicherung betreffender Kreditinstitute zur Disposition
stünde, gegebenenfalls von staatlicher Seite aus bewährte Instrumente der Banken-
rettung reaktiviert werden würden und/oder Marktbereinigungen durch Fusionen
und Insolvenzen stattfänden.

Die Auswirkungen der globalen sogenannten *Corona-Krise* sind zum jetzigen
Zeitpunkt nicht absehbar. Sich abzeichnende Tendenzen deuten allerdings darauf
hin, dass dieser Krise das Potenzial immanent ist, sich zu einem Indikator der
Robustheit des internationalen Bankensektors zu entwickeln. Erstmals seit den
Wirtschaftskrisen ab dem Jahr 2007 könnte sich offenbaren, ob die im Rahmen
von Basel III – und nun gefolgt von Basel IV – implementierten Sicherungs-
mechanismen ausreichend dimensioniert sind und die intendierten Wirkungen
entfalten. Sofern sich dies als zutreffend herausstellen sollte, würden sich die in
den zurückliegenden Jahren gemeinschaftlich vollbrachten Anstrengungen des die
Strategien vorzeichnenden Basler Ausschusses, der die Strategien umsetzenden
Kreditinstitute sowie der jeweiligen nationalen Aufsichtsbehörden gelohnt haben.
Sollte sich demgegenüber herausstellen, dass die negativen Effekte der ökono-
mischen Verwerfungen auf die Kredit- und Realwirtschaft jenseits antizipierter
Grenzen lagen, so birgt die *Corona-Krise* – wie jede Krise – in sich wiederum
die Chance eines Wendepunkts, dass im Zuge einer detaillierten Rekapitulierung
der Vergangenheit Schlussfolgerungen gezogen werden, welche für die Zukunft
Verbesserungsimpulse setzen.

Nürnberg	Bernd Zirkler
Zwickau	Jonathan Hofmann
Tutzing	Sandra Schmolz
Ust-Kamenogorsk	Ilona Bordianu
Februar 2021	

Inhaltsverzeichnis

Abkürzungsverzeichnis

ADC	Land Acquisition, Development and Construction (Grunderwerb, Erschließung und Bebauung)
AMA	Advanced Measurement Approach (fortgeschrittener Messansatz)
ASF	Available Stable Funding (verfügbare stabile Refinanzierung)
AT1	Additional Tier 1 (zusätzliches Kernkapital)
AT2	Additional Tier 2 (Ergänzungskapital)
BA	Basic Approach (Basisansatz)
BA-CVA	Basic CVA Approach (Basisansatz zur Bestimmung des CVA-Risikos)
BaFin	Bundesanstalt für Finanzdienstleistungsaufsicht
Basel I	Erste Basler Eigenkapitalvereinbarung
Basel II	Zweite Basler Eigenkapitalvereinbarung
Basel III	Dritte Basler Eigenkapitalvereinbarung
Basel IV	Weiterentwicklung von Basel III
BCBS	Basel Committee on Banking Supervision (Basler Ausschuss für Bankenaufsicht)
BI	Business Indicator (Geschäftsindikator)
BIA	Basic Indicator Approach (Basisindikatoransatz)
BIC	Business Indicator Component
BIS	Bank of International Settlement
BIZ	Bank für Internationalen Zahlungsausgleich
CCP	Central Counterparty (zentrale Gegenpartei)
CCR	Counterparty Credit Risk (Gegenpartei Kreditrisiko)
CEM	Current Exposure Method (Marktbewertungsmethode)
CET1	Common Equity Tier 1 Capital (hartes Kernkapital)
CF	Cashflow

CRD IV	Capital Requirements Directive IV (Kapitaladäquanzrichtlinie der EU)
CRD V	Capital Requirements Directive V (Kapitaladäquanzrichtlinie der EU)
CRD VI	Capital Requirements Directive VI (Kapitaladäquanzrichtlinie der EU)
CRM	Comprehensive Risk Measure (umfassender Risikoansatz für das Marktpreisrisiko)
CRR	Capital Requirements Regulation (Kapitaladäquanzverordnung der EU)
CRR II	Capital Requirements Regulation II (Kapitaladäquanzverordnung der EU)
CRR III	Capital Requirements Regulation III (Kapitaladäquanzverordnung der EU)
CSRBB	Credit Spread Risk in the Banking Book
CTP	Correlation Trading Portfolio
CVA	Credit Valuation Adjustment (Anpassung der Kreditbewertung)
DRC	Default Risk Charge (Ausfallrisiko)
EAD	Exposure at Default (ausstehende Forderungen bei Ausfall)
EBA	European Banking Authority (europäische Bankenaufsichtsbehörde)
ECRA	External Credit Risk Assessment Approach (überarbeiteter Kreditrisikostandardansatz bei vorhandenem externen Rating)
ERBA	External Ratings-Based Approach (auf externen Ratings basierender Ansatz)
ES	Expected Shortfall (erwartetes Ausfallrisiko)
EU	Europäische Union
EUR	Euro
EVE	Economic Value of Equity (Barwert des Eigenkapitals)
FRTB	Fundamental Review of the Trading Book (überarbeitetes Marktpreisrisiko-Rahmenwerk)
FRTB-CVA	FRTB-CVA-Rahmenwerk (Adaption CVA-Rahmenwerk an Marktpreisrisiko-Rahmenwerk)
FRTB-SA	Fundamental Review of the Trading Book Standardised Approach (Standardansatz im Marktpreisrisiko-Rahmenwerk)
G10	Zusammenschluss der 10 finanz- und währungsstärksten Mitgliedsländer des Internationalen Währungsfonds (IWF) (Belgien, Deutschland, Frankreich, Großbritannien, Italien, Japan, Kanada, Niederlande, Schweden, USA)

G20	Gruppe der zwanzig wichtigsten Industrie- und Schwellenländer
G-SIB	Global Systemically Important Bank (Global systemrelevante Bank)
GLAC	Gone-Concern Loss-Absorbing Capacity (Verlustabsorptionsfähigkeit im Abwicklungsfall)
HQLA	High Quality Liquid Assets (erstklassige liquide Aktiva)
IAA	Internal Assessment Approach (interner Bewertungsansatz)
ICAAP	Internal Capital Adequacy Assessment Process
IFRS	International Financial Reporting Standards
ILM	Internal Loss Multiplier (Multiplikator interner Verluste)
IMA	Internal Model Approach (Interne Modelle Ansatz)
IMA-CVA	Internal Models Approach for CVA (Interne Modelle Ansatz zum CVA)
IMM	Internal Model Method (auf internen Modellen basierende Methode)
IRB/IRBA	Internal Ratings-Based Approach (auf internen Ratings basierender Ansatz)
IRC	Incremental Risk Charge (zusätzlicher Risikoaufschlag)
IRR	Interest Rate Risk (Zinsänderungsrisiko)
IRRBB	Interest Rate Risk in the Banking Book (Zinsänderungsrisiko im Bankbuch)
KI	Kreditinstitut
KMU	kleinere und mittlere Unternehmen
KSA	Kreditrisikostandardansatz
LC	Loss Component
LCR	Liquidity Coverage Ratio (Mindestliquiditätsquote)
LGD	Loss Given Default (Verlustausfallquote)
LR	Leverage Ratio
LRE	Leverage Ratio Exposure (Engagementmessgröße der Leverage Ratio)
LTV	Loan-to-Value-Ratio (Beleihungsauslauf)
MBM	Market Based Method (Marktbewertungsmethode)
MREL	Minimum Required Own Funds and Eligible Liabilities (Mindestanforderungen an Eigenmittel und berücksichtigungsfähige Verbindlichkeiten)
NCWO	No-creditor-worse-off (keine Schlechterstellung von Gläubigern)
NGR	Net-to-Gross Ratio (Netto-Brutto-Verhältnis)
NICA	Net Independent Collateral Amount (Nettowert der marktpreisunabhängigen Sicherheiten)

NII	Net Interest Income (Nettozinserträge)
NMRF	Non-Modellable Risk Factors (nicht modellierbare Risikofaktoren)
NSFR	Net Stable Funding Ratio (strukturelle Liquiditätsquote)
OEM	Original Exposure Method (Laufzeitmethode)
OpRisk	operationelles Risiko
ORC	Operational Risk Capital (operationelles Risikokapital)
OTC	Over-the-Counter (außerbörslich)
PD	Probability of Default (Ausfallwahrscheinlichkeit)
PFE	Potential Future Exposure (Verlust durch einen potenziellen zukünftigen Anstieg der Wiedereindeckungskosten)
PLA	Profit and Loss Attribution (Zuordnung von Gewinnen und Verlusten)
PVA	Prudent Valuation Adjustment (aufsichtliche Bewertungsanpassung)
PwC	PricewaterhouseCoopers AG
R-SbM	reduced sensitivities-based method (reduzierte auf Sensitivitäten basierende Methode)
RBA	Ratings-Based Approach (auf Ratings basierender Ansatz)
RC	Replacement Costs (aktuelle Wiederbeschaffungskosten)
RSF	Required Stable Funding (erforderliche stabile Refinanzierung)
RWA	Risk-weighted Assets (risikogewichtete Aktiva)
S&P	Standard and Poor's
SA	Standardised Approach (Standardansatz)
SA-CCR	Standardised Approach for Counterparty Credit Risk (Standardansatz zur Ermittlung des Kontrahentenrisikos)
SA-CVA	Standardised Approach for Credit Valuation Adjustment (Standardansatz zur Ermittlung des CVA-Risikos)
SbM	Sensitivities-based Method (Sensitivitäten basierende Methode)
SCRA	Standardised Credit Risk Assessment Approach (überarbeiteter Kreditrisikostandardansatz ohne externes Rating)
SEC-ERBA	Securitisation External Ratings-Based Approach (auf externen Ratings basierender Ansatz für Verbriefungen)
SEC-IRBA	Securitisation Internal Ratings-Based Approach (auf internen Ratings basierender Ansatz für Verbriefungen)
SEC-SA	Securitisation Standardised Approach (Standardansatz für Verbriefungen)
SES	Stressed Capital Add On (Add On für Restrisiko)
SF	Supervisory Formular (aufsichtliche Formel)

SFA	Supervisory Formular Approach (auf aufsichtlicher Formel basierender Ansatz)
SM	Standardised Method (Standardmethode)
SMA	Standardised Measurement Approach (Standardmessansatz)
SPV	Special Purpose Vehicle
SSFA	Simplified Supervisory Formular Approach (vereinfachter aufsichtlicher Formel Ansatz)
SSM	Single Supervisory Mechanism (einheitlicher Aufsichtsmechanismus)
STC	Simple – Transparent – Comparable (einfach, transparent und vergleichbar)
STS	Simple – Transparent – Standardised (einfach, transparent und standardisiert)
sVaR	stressed Value-at-Risk
TEUR	tausend Euro
Tier 1	Kernkapital
Tier 2	Ergänzungskapital
TLAC	Total Loss-Absorbing Capacity (gesamte Verlustabsorptionsfähigkeit)
TLAC-LRE	Total Loss-Absorbing Capacity – Leverage
ULZ	Ursprungslaufzeit
VaR	Value-at-Risk

Abbildungsverzeichnis

Tabellenverzeichnis

Formelverzeichnis

Von den Anfängen bis Basel IV

1

Die vom Basler Ausschuss für Bankenaufsicht[1] entwickelten Basler Eigenkapitalvorschriften wurden seit ihrer Einführung im Jahr 1988 laufend überarbeitet, erweitert und an die Entwicklungen auf den Finanzmärkten angepasst. So wurde die 3. Basler Eigenkapitalvereinbarung noch einmal deutlich ergänzt und unter der offiziellen Bezeichnung „Basel III Finalisierung"[2] fertiggestellt. Aufgrund der umfassenden Anpassungen wird für diesen Stand der Basler Eigenkapitalvereinbarung in Praktikerkreisen[3] bereits seit geraumer Zeit auch die Bezeichnung „Basel IV" verwendet, welche auch in diesem Essential genutzt wird. Alle Versionen der Basler Eigenkapitalvereinbarungen bauen aufeinander auf und zielen vor allem auf das Eigenkapital der Kreditinstitute zur Gewährleistung der Stabilität des Finanzsystems.

Basel I, die erste Basler Eigenkapitalvereinbarung von 1988, war ursprünglich an international operierende Kreditinstitute in den G10 Staaten adressiert. Unter Basel I mussten sämtliche Kreditrisiken mit 8,0 % Eigenkapital unter Anwendung eines einheitlichen Gewichtungsfaktors von 100 % unterlegt werden. Aufgrund der schnellen Weiterentwicklung der Finanzmärkte waren diese Regelungen rasch überholt und das Regelwerk musste erneuert werden, um die Stabilität des Finanzsystems weiterhin zu gewährleisten. Die Überarbeitungen führten zu Basel II,

---

[1]Der Basler Ausschuss für Bankenaufsicht oder auch Basel Committee on Banking Supervision (BCBS) wurde 1974 von den Zentralbanken der G10 Staaten gegründet und ist bei der Bank für internationalen Zahlungsausgleich (BIS) mit Sitz in Basel angesiedelt. Derzeit gehören ihm Vertreter aus 26 Ländern an (G20+).

[2]Vgl. auch BCBS 424 (2017).

[3]Unterlagen und Publikationen über „Basel IV" werden beispielsweise von den Wirtschaftsprüfungs-gesellschaften/Unternehmensberatungen PricewaterhouseCoopers, Deloitte, KPMG u. v. m. herausgegeben.

© Der/die Autor(en), exklusiv lizenziert durch Springer Fachmedien Wiesbaden GmbH, ein Teil von Springer Nature 2021
B. Zirkler et al., *Basel IV in der Unternehmenspraxis*, essentials,
https://doi.org/10.1007/978-3-658-35018-5_1

welches 2006 eingeführt wurde. Die zweite Basler Eigenkapitalvereinbarung basierte auf den folgenden drei Säulen: Eigenmittelanforderungen, aufsichtsrechtliche Überprüfungsverfahren und Offenlegungspflichten. Sie verfeinerte die bisher gültigen Regelungen durch Einführung eines variablen, ratingabhängigen Gewichtungsfaktors und erweiterte sie um weitere Komponenten, wie zum Beispiel die Unterlegung des operationellen Risikos. Neben externen Ratings[4] wurden auch bankeigene, interne Ratings zugelassen. Weitere Inhalte waren verschärfte Aufsichtsregelungen und eine höhere Markttransparenz.

Während der ‚Finanzmarktkrise' und der daraus entstandenen ‚Staatsschuldenkrise' zwischen 2008 und 2012 wurden Schwächen der zweiten Basler Eigenkapitalvereinbarungen deutlich. Diese Erfahrungen wurden genutzt, um die bisherigen Regelungen noch einmal grundlegend zu überarbeiten.

Zunächst folgte als Reaktion auf die ‚Finanzmarktkrise' eine Erweiterung der Regelungen von Basel II. Dieses kurzfristige Maßnahmenpaket wurde im Jahr 2009 vom Basler Ausschuss beschlossen und ist inoffiziell auch bekannt als ‚Basel 2.5'. Es beinhaltete strengere Regelungen, wie z. B. eine höhere Eigenkapitalunterlegung von Verbriefungen und Marktrisiken. Daneben wurden die Anforderungen an das Risikomanagement und die Offenlegung verschärft.

Das schließlich 2010 veröffentlichte und 2012 in Kraft getretene Regelwerk Basel III kann als Antwort des Basler Ausschusses auf jene Krisen verstanden werden, welche ab 2008 die Welt- und insbesondere die Finanzwirtschaft konfrontierten. Basel III behielt die bereits aus Basel II bekannte 3-Säulen-Struktur bei und ergänzte, respektive erweiterte die Anforderungen zur Quantität sowie Qualität des vorzuhaltenden Kapitals zur Unterlegung eingegangener Risiken im Verhältnis zu den bisherigen Regelungen erheblich. Im Zuge der Einführung des Kapitalerhaltungspuffers kam es zu einer Erhöhung der Mindestkapitalanforderungen von 8,0 % auf 10,5 % der risikogewichteten Aktiva, welche ausnahmslos von allen Instituten vorzuhalten ist. Neben den bereits in Basel II enthaltenen operationellen Risiken stellten die Regelungen ferner auf weitere gesondert zu behandelnde Risikokategorien ab. Des Weiteren beinhalteten die Regelungen die Einführung einer Höchstverschuldungsquote – die Leverage Ratio (LR) –, Liquiditätskennzahlen sowie einzelne weitere Detailregelungen.

Ziel der 3. Basler Eigenkapitalvereinbarung war und ist es, die vorzuhaltende Kapitalbasis und damit die Haftungsmasse der Kreditinstitute zu erhöhen und gleichzeitig eine stärkere Risikosensibilisierung zu erreichen. Sie betrifft

---

[4]Das Rating dient der Einschätzung der Kreditwürdigkeit (Bonität) eines Unternehmens und ist neben der Kreditentscheidung ein wesentlicher Faktor im Kreditvergabeprozess. Es dient dazu, die „Kreditentscheidung vorzubereiten und zu unterstützen" sowie „risikogerechte Konditionen zu ermitteln".

„sowohl den Kreditvergabeprozess als auch die Bankorganisationsvorgaben und die Regelungen der Risikoberücksichtigung bei der Bepreisung von Krediten."[5] Mit den Basler Eigenkapitalvereinbarungen sollte weltweit ein „starkes und widerstandsfähiges Bankensystem" geschaffen werden, welches „die Grundlage für ein nachhaltiges Wirtschaftswachstum" bildet, „da Banken im Zentrum des Kreditvermittlungsprozesses zwischen Sparern und Anlegern stehen."[6]

Einer der Hauptgründe der Finanzkrise von 2010 war, dass sich in Bankbüchern Risiken aufgebaut hatten, die nicht ausreichend identifiziert und bewertet und folglich unterschätzt wurden. Außerbilanzielle Geschäftsvorfälle/Positionen entstanden vorwiegend durch den Einsatz verschiedener Instrumente, wie beispielsweise Hedging, Derivate, Asset Backed Securities, Mortgage Backed Securities, Leasing, Factoring sowie bilanzpolitische Maßnahmen, die zur Bildung von stillen Lasten führen. Ferner sind in diesem Zusammenhang auch Eventualverbindlichkeiten, die nicht in der Bilanz ausgewiesen wurden, zu beachten. Dies war verbunden mit einem allmählichen Rückgang der Höhe und der Qualität der Eigenkapital- und Liquiditätspolster. Damit war das Bankensystem nicht mehr in der Lage, die sich daraus ergebenden systemischen Handels- und Kreditverluste zu absorbieren oder zurückzuführen. Insbesondere vor diesem Hintergrund wurde mit der Leverage Ratio ein Instrument eingeführt, welches das Verschuldungsmaß von Instituten unter Einbeziehung bilanzieller und außerbilanzieller Verbindlichkeiten konsequent deckelte. Die Wirtschafts- und Finanzkrise wurde zusätzlich durch einen prozyklischen Schuldenabbauprozess sowie die internationale Verflechtung systemrelevanter Institute verschärft. Schließlich verlor der Markt das Vertrauen in die Solvenz und Liquidität vieler Kreditinstitute. Dies hatte auch Auswirkungen auf die Realwirtschaft und führte letztlich zu einer massiven Verknappung der Liquidität und des Kreditangebots am Markt. Die öffentliche Hand musste mit Liquiditäts- und Kapitalzufuhren sowie Garantien in die Realwirtschaft eingreifen. Durch den massiven Einbruch der globalen Liquidität, des grenzüberschreitenden Kreditangebots und der Exportnachfrage breitete sich die Krise weltweit aus, mit der Konsequenz, dass diverse Staaten mit umfassenden Programmen intervenieren und Stützungsmaßnahmen einleiten mussten.

Hierzu hat der Basler Ausschuss für Bankenaufsicht im Dezember 2010 das neue Regelwerk „Basel III" (3. Basler Eigenkapitalvereinbarung) verabschiedet, welches aus den Rahmenvereinbarungen „Basel III: Ein globaler Regulierungsrahmen für widerstandsfähigere Banken und Bankensysteme" (BCBS 189) und „Basel III: Internationale Rahmenvereinbarung über Messung, Standards und

---

[5]Müller, S. et al. (2011, S. 13).
[6]BCBS 188 (2010, S. 1).

Überwachung in Bezug auf das Liquiditätsrisiko" (BCBS 188) besteht. Ziel dieser beiden Rahmenvereinbarungen war und ist es, durch die darin enthaltenen „strengeren globalen Regeln für Eigenkapital und Liquidität die Widerstandsfähigkeit des Bankensektors zu stärken" und „die Resistenz des Bankensektors gegenüber Schocks aus Stresssituationen im Finanzsektor und in der Wirtschaft, unabhängig von ihrem Ursprung, zu verbessern und so die Gefahr zu verringern, dass sich Probleme im Finanzsektor auf die Realwirtschaft auswirken."[7]

Es war geplant, die in diesen Rahmenwerken enthaltenen Regelungen und zeitlichen Vorgaben schrittweise zwischen 2013 und 2019 in allen Mitgliedsstaaten des Basler Ausschusses möglichst zeitgleich einzuführen. Aufgrund der notwendigen nationalen Gesetzgebungsverfahren im Rahmen der Umsetzung kam es jedoch zu Verzögerungen, sodass diese erst zum 01.01.2014 erfolgen konnte. Hierdurch hat sich der Einführungszeitraum entsprechend um ein Jahr verkürzt. In Deutschland wurde am 22.08.2012 mit der Verabschiedung des CRD IV Umsetzungsgesetzes[8] im Kabinett beschlossen, die Basel III Regeln national umzusetzen.

Aufgrund der sich ständig verändernden Rahmenbedingungen sind kontinuierlich Anpassungen und Überarbeitungen der Rahmenwerke erforderlich. Diese Entwicklung zeigt sich in den regelmäßig wiederkehrenden Veröffentlichungen entsprechender Konsultationspapiere, die zuletzt insbesondere die Bestimmung der risikogewichteten Aktiva für die verschiedenen Risikobereiche als Basis für die Ermittlung der Eigenkapitalanforderungen betroffen haben. Die ersten Erweiterungen zwischen 2012 und 2014 wurden inoffiziell auch als ‚Basel 3.5' bezeichnet.

Der Basler Ausschuss veröffentlichte am 07.12.2017 unter dem Titel „Basel III: Finalising post-crisis reforms" (BCBS 424) ein Dokument, welches auf dem Stand von ‚Basel 3.5' aufbaute. Das entstandene Regelungspaket wird hinsichtlich der Tragweite darin enthaltener Änderungen teilweise schon als „Basel IV" bezeichnet. Das Rahmenwerk fundiert weiterhin auf der aus Basel II/III bekannten 3-Säulen-Struktur. Demgemäß beinhalten die darin gebündelten Standards Regelungen hinsichtlich der Quantität sowie Qualität des vorzuhaltenden Kapitals zur Unterlegung eingegangener Risiken, inklusive der gesonderten Behandlung spezifischer Risikokategorien, die Leverage Ratio, Vorgaben zu Liquiditätsanforderungen, Maßgaben zu Risikomanagement und aufsichtlicher Überprüfungsverfahren sowie Anforderungen bezüglich Marktdisziplin und Offenlegung. Obgleich der formelle Aufbau des Rahmenwerks – die Hülle – im Vergleich zu Basel III in den

---

[7]Ebenda, S. 1.

[8]Vgl. Amtsblatt der Europäischen Union (2013).

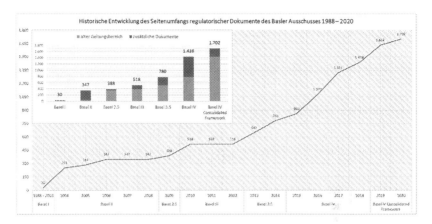

Abb. 1.1 Entwicklung der Seitenzahl vom BCBS veröffentlichter gültiger Standards 1988 bis 2020

Grundzügen erhalten blieb, erfuhren die methodischen und verfahrenstechnischen Vorgaben zur Risikoermittlung – die Innenarchitektur – einen Paradigmenwechsel, weswegen die inoffizielle Bezeichnung „Basel IV" gerechtfertigt ist.

Die beschlossenen regulatorischen Veränderungen von Basel IV haben derart weitreichende Auswirkungen auf Kreditinstitute, dass in der Folge ihre Geschäftsmodelle, respektive die Geschäftspolitik entsprechend anzupassen sind.

Die fortwährende Veröffentlichung neuer Konsultationspapiere und finaler Standards sowie von Positionspapieren verschiedener Verbände zeigt die sehr dynamische Entwicklung im Bereich der Regulatorik der vergangenen Jahre. Ein geeigneter Indikator, welcher die stetig zunehmende Komplexität der regulatorischen Anforderungen der Basler Eigenkapitalvereinbarungen darstellt, ist die Entwicklung des Umfangs publizierter finaler Standards. Die nachfolgende Abb. 1.1 zeigt die annähernd exponentiell verlaufende Quantität der Basler Eigenkapitalregelungen von den Anfängen im Jahr 1988 bis hin zu dem konsolidierten Basel-IV-Rahmenwerk 2020.

Bei der Abschätzung des Regelungsumfangs der einzelnen Stufen der Eigenkapitalregelungen (Basel I – Basel II – ‚Basel 2.5‘ – Basel III – ‚Basel 3.5‘ – Basel IV – Basel IV Consolidated Framework) wurde die Seitenzahl der einzelnen chronologisch hinzugekommenen Standards in kumulierter Form zugrunde gelegt und zugunsten einer höheren Transparenz im kleineren Diagrammausschnitt nach geltenden Rahmenwerkversionen kategorisiert. Ferner ist zu beachten, dass die jeweils additionalen Standards die bis dahin gültigen in aller Regel nicht substituieren, sondern ergänzen, was im Zuge der Ermittlung der kumulierten Werte innerhalb der Abbildung bestmöglich berücksichtigt wurde. Des Weiteren visualisiert die Grafik ausschließlich die Seitenzahl finalisierter Standarddokumente, das heißt, dass die Quantität sogenannter *Konsultationspapiere* 1. und 2. Ordnung, welche Zwischenstadien finalisierter Standards darstellen, sowie *Technical Amendments,* unberücksichtigt blieb. Sofern diese ebenso Bestandteil der Analyse gewesen wären, hätte sich die Anzahl veröffentlichter Dokumente vervielfacht. Gleichwohl ist der Vollständigkeit halber einschränkend anzumerken, dass innerhalb überarbeiteter und ergänzter Standarddokumente zuweilen Passagen entfallen, weswegen die Seitenzahl für sich allein betrachtet als Komplexitätsindikator eine gewisses Maß an Unschärfe aufweist.

Seit der Einführung von Basel I ist das ursprünglich 30-seitige Basler Regelwerk bis 2020 auf einen 1702 Seiten umfassenden Regulierungsrahmen angewachsen. Insbesondere die seit der Einführung von Basel III hinzugekommenen Regelungen zu den einzelnen Risikoarten (Kreditrisiko, Verbriefungen, Kontrahentenrisiko, CVA, Marktpreisrisiko, Zinsänderungsrisiko, operationelles Risiko) sowie der Leverage Ratio (Säule 1), dem Liquiditätsrisiko, dem Risikomanagement und aufsichtliche Überwachungsverfahren (Säule 2) und der Marktdisziplin/Offenlegung (Säule 3) führten zu einem überproportionalen Anstieg des Regulierungsumfangs.

Die abschließende Einführung der neuen Regelungen ist schrittweise zwischen 2022 und 2028 vorgesehen. Auf Grundlage des Beschlusses des Basler Ausschusses vom 27.03.2020 wurde das Inkrafttreten für weite Teile des Rahmenwerks auf den 01.01.2023 verschoben. Die Umsetzung eines Teils der neuen Vorgaben auf europäischer Ebene erfolgte über die CRD V und die CRR II mit Beschluss vom April 2019 im EU-Parlament und vom Mai 2019 im EU Rat. Die Veröffentlichung im Amtsblatt der EU folgte daraufhin im Juni 2019.[9] Plangemäß sollen die neuen Regelungen mit wenigen Ausnahmen in 2021 (CRD V sowie CRR II) in Kraft treten. Es ist vorgesehen, die verbleibenden Teile des Basel IV-Rahmenwerks im Rahmen der aktuell konsultierten CRD VI und CRR III umzusetzen. Für den weiteren Verlauf des Essentials liegt der Fokus auf dem Basler Regelwerk. Europäische und nationale Besonderheiten werden daher nicht näher betrachtet.

Das vorliegende Essential berücksichtigt die aktuellen Entwicklungen der vom Basler Ausschuss erarbeiteten und veröffentlichten regulatorischen Regelungen bis zum Dezember 2020.

---

[9]Vgl. Amtsblatt der Europäischen Union (2019), (2019a) sowie (2019b).

Wesentliche aus Basel II/III übernommene Inhalte

2

Die in Basel IV enthaltenen Regulierungen werden in Analogie zum Muster nach Basel II/III in Form von drei Säulen dargestellt:

- **Säule 1** beinhaltet Regelungen zum Eigenkapital, zur Risikoerfassung und Verschuldungsbegrenzung sowie Maßnahmen zur Verbesserung der Qualität, Quantität und Flexibilität des Eigenkapitals, Minderung der Zyklizität sowie strengere Kapitalanforderungen für einzelne Risikoaktiva sowie Verschuldungshöchstgrenze (Leverage Ratio).
- **Säule 2** umfasst Regelungen zu Risikomanagement und Aufsicht sowie detaillierte Vorgaben zur Gestaltung des Risikomanagements mit Bewertung und Behandlung von Risiken, Off-Balance Sachverhalten, Stresstests sowie Vorschriften zur Vergütung.
- **Säule 3** enthält Vorschriften zur Marktdisziplin, unter welche Offenlegungspflichten subsumiert werden.

Abb. 2.1 gibt einen kurzen Überblick über die im Consolidated Basel Framework (Basel IV) enthalte Grundstruktur sowie die darin enthaltenen Kernelemente.

2.1 Mindestkapitalanforderungen

Seit der Einführung der Basler Eigenkapitalrichtlinien im Jahr 1988 (Basel I) waren Kreditinstitute dazu verpflichtet, die *bekannte Marke* von 8,0 % der Risikoaktiva mit Kapital zu unterlegen. Demgemäß liegen die Fundamente aller Basel-Richtlinien in der Bemessung und Vorhaltung bilanzieller Eigenkapitalbestandteile zur Deckung eingegangener Risiken. Die aus dem Jahr 2010

© Der/die Autor(en), exklusiv lizenziert durch Springer Fachmedien Wiesbaden GmbH, ein Teil von Springer Nature 2021
B. Zirkler et al., *Basel IV in der Unternehmenspraxis*, essentials,
https://doi.org/10.1007/978-3-658-35018-5_2

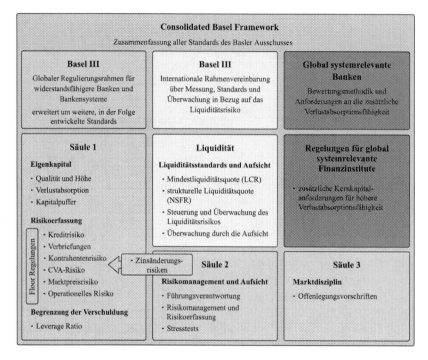

Abb. 2.1 Säulen des Basel-III-Rahmenwerks

stammenden Regelungen von Basel III konzentrierten sich auf die Überarbeitung der Anforderungen an die Qualität und Quantität des regulatorischen Eigenkapitals. Vor diesem Hintergrund wird nachfolgend insbesondere die Genese der hierfür vorgesehenen Kapitalbestandteile in den Fokus genommen.

2.1.1 Qualität des Kapitals/Eigenkapitalinstrumente

In den Regelungen zu den Kapitalanforderungen wird das zur Erfüllung der Mindestkapitalanforderungen anerkannte Eigenkapital über einen Katalog aus vierzehn Kriterien zu den beiden vorgesehenen Kapitalbestandteilen Kernkapital (Tier 1 Kapital) und Ergänzungskapital (Tier 2 Kapital) zugeordnet.

Das **Kernkapital** wird in hartes und zusätzliches Kernkapital unterschieden. Dem harten Kernkapital (Common Equity Tier 1, CET1) werden vor allem folgende Elemente zugeordnet: Stammkapital oder andere rechtsformspezifische, typische Eigenkapitalinstrumente wie Genossenschaftsanteile bei Genossenschaften und stille Einlagen bei öffentlich-rechtlichen Sparkassen, Aufgeld, Gewinnrücklagen, andere offene Rücklagen sowie eingeschränkt Minderheitenanteile Dritter.

Für eine rechtmäßige Anerkennung als Kernkapital müssen die folgenden wesentlichen Kriterien erfüllt sein:

- effektive Kapitaleinzahlung,
- Dauerhaftigkeit der Kapitalbereitstellung,
- Verlustabsorption durch Nachrangigkeit und uneingeschränkte Verlustteilnahme sowie
- Zahlungsflexibilität über den Ausschluss obligatorischer Ausschüttungen.

Dem **zusätzlichen Kernkapital** (Additional Tier 1, AT1) werden insbesondere Kapitalinstrumente, Aufgeld und eingeschränkt auch Minderheitenanteile Dritter zugeordnet. Es muss – bis auf den Unterschied, dass der Emittent unter bestimmten Voraussetzungen nach frühestens 5 Jahren kündigen oder Rückkäufe vornehmen darf – die gleichen Bedingungen erfüllen, wie das harte Kernkapital. Seit 2015 ist ein Anteil von 1,5 % vorgeschrieben, sodass die Mindestanforderung für das gesamte Kernkapital ohne Kapitalpuffer in Höhe von 6,0 % erreicht wird.

Zum **Ergänzungskapital** (Tier 2 Kapital) als zweitem Kapitalbestandteil zählen im Wesentlichen Nachrangverbindlichkeiten, aber auch Vorzugsaktien, Aufgeld und freie Pauschalwertberichtigungen sowie Wertberichtigungsüberschüsse. Auch hierzu sind im Rahmenwerk Kriterien für die Anerkennung festgelegt. So dürfen unter anderem keine Anreizmechanismen, wie zum Beispiel Step-up-Klauseln zur vorzeitigen Rückzahlung langfristiger Nachrangverbindlichkeiten, bestehen und mögliche Kündigungsrechte bedürfen unter bestimmten Voraussetzungen der Zustimmung der Aufsicht. Das Ergänzungskapital hat unter diesen Voraussetzungen deutlich an Bedeutung verloren. Die Verlusttragfähigkeit beschränkt sich ausschließlich auf den Liquidations-, respektive Insolvenzfall. Es darf zu großen Teilen aus langfristigen Nachrangverbindlichkeiten bestehen und kann auch Vorzugsaktien und Aufgeld sowie freie Pauschalwertberichtigungen und Wertberichtigungsüberschüsse enthalten.

Die noch unter Basel II zugelassenen Drittrangmittel (Tier 3 Kapital) waren auf maximal 250 % des zur Unterlegung eingegangener Marktrisiken erforderlichen Kernkapitals beschränkt (BCBS 128), werden allerdings seit Basel III nicht mehr als Eigenkapitalanteil berücksichtigt. Vor diesem Hintergrund werden im weiteren Verlauf der Betrachtungen die Drittrangmittel vollständig außer Acht gelassen.

2.1.2 Zusammenfassung Quantität des Kapitals/Kapitalquoten

Mit der Umsetzung der Regelungen von Basel III war ein schrittweiser Anstieg des **harten Kernkapitals** von 2,0 % der risikogewichteten Aktiva unter Basel II auf 4,5 % bis 2015 verbunden. Bei Berücksichtigung des Kapitalerhaltungspuffers erhöhte sich die geforderte Quote des harten Kernkapitals bis 2019 auf mindestens 7,0 % der risikogewichteten Aktiva. Dabei wurde der darüber hinaus mögliche antizyklische Kapitalpuffer von bis zu 2,5 % der risikogewichteten Aktiva noch nicht berücksichtigt.

Der Anteil des **zusätzlichen Kernkapitals** wurde von 2,0 % der risikogewichteten Aktiva unter Basel II auf 1,5 % reduziert.

Für das **gesamte Kernkapital** (bestehend aus hartem und zusätzlichem Kernkapital) stieg die Mindestanforderung ohne Berücksichtigung der zusätzlichen Kapitalpuffer auf 6,0 % der risikogewichteten Aktiva.

Der Anteil des **Ergänzungskapitals** ging von 4,0 % der risikogewichteten Aktiva unter Basel II auf 2,0 % der risikogewichteten Aktiva ab 2016 zurück, sodass dieses an Bedeutung verloren hatte, was damit erklärt werden konnte, dass eine Verlusttragfähigkeit nur im Liquidations-, respektive im Insolvenzfall gegeben war.

2.1.3 Kapitalpuffer als neue Bestandteile von Basel III

Die Regelungen zu den Kapitalanforderungen sahen bis 2019 eine schrittweise Einführung von zwei zusätzlichen Kapitalpuffern, dem Kapitalerhaltungspuffer und dem antizyklischen Kapitalpuffer, vor. Beide Kapitalpuffer sind in Form von hartem Kernkapital vorzuhalten.

Der **Kapitalerhaltungspuffer** bemisst sich seit 2019 in einer Höhe von 2,5 % der risikogewichteten Aktiva. Aufgrund der Einführung dieses Puffers erhöht sich für alle Institute die seit Basel I (1988) verpflichtend vorzuhaltende Mindestkapitalquote von 8,0 % auf nunmehr mindestens **10,5 %**.

Der **antizyklische Kapitalpuffer** wird von der nationalen Aufsichtsbehörde je nach Wirtschaftslage festgesetzt und kann bis zu 2,5 % der risikogewichteten Aktiva betragen. Hieraus ergibt sich die Möglichkeit, zyklische Schwankungen auszugleichen, was dem Grundsatz folgt, in „guten Zeiten" Kapital aufzubauen,

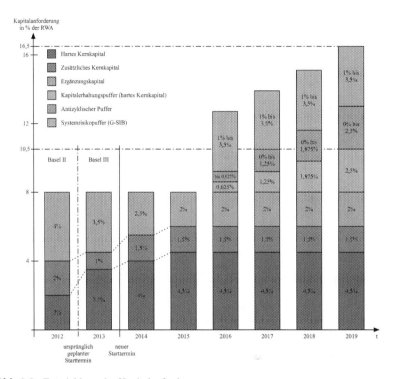

Abb. 2.2 Entwicklung der Kapitalanforderungen

um in „schlechten Zeiten" davon zu zehren. Der Einsatz dieses Kapitalpuffers kommt v. a. nach einer Phase schnellen Kreditwachstums in Betracht.[1]

Zusätzlich zu den beiden bereits beschriebenen Kapitalpuffern wurde in Basel III ein Systemrisikopuffer als Kapitalpuffer für systemische Risiken vorgesehen. Dieser zusätzliche Kapitalpuffer ist von global systemrelevanten Instituten (G-SIBs) verpflichtend vorzuhalten und wird von den nationalen Aufsichtsbehörden in Höhe von 1,0 % bis 3,5 % des Gesamtforderungsbetrages festgelegt.

Die folgende Abb. 2.2 gibt eine Retrospektive über die Entwicklung der zuvor beschriebenen Kapitalanforderungen während ihrer Einführung zwischen 2014 und 2019.

---

[1]Für Deutschland wurde von der Bundesanstalt für Finanzdienstleistungsaufsicht (BaFin) zum 3. Quartal 2019 ein antizyklischer Kapitalpuffer in Höhe von 0,25 % eingeführt, welcher unter Verweis auf die Allgemeinverfügung der BaFin vom 31.03.2020 bis auf Weiteres außer Kraft gesetzt wurde.

Wesentliche Inhalte von Basel IV

3

Nach den teilweise auch als ‚Basel 3.5' bezeichneten Erweiterungen des ursprünglichen Basel-III-Rahmenwerks von 2010 zwischen 2012 und 2014 hat der Basler Ausschuss die bisherigen Regelungen mit Verfahren und Methoden zur Bestimmung der risikoabhängigen Mindestkapitalanforderungen für alle Risikokategorien nochmals überarbeitet. Die wesentlichen Veränderungen werden im weiteren Verlauf dieses Kapitels genauer dargestellt.

Der Schwerpunkt des Regelwerks Basel III lag mit der Definition der Eigenkapitalinstrumente, Kapitalquoten, Kapitalpuffern und Abzugspositionen auf den Eigenmitteln. Demgegenüber liegt der Schwerpunkt der neuen Regelungen von Basel IV auf den Eigenmittelanforderungen und den jeweiligen Berechnungsmethoden der RWA (risikogewichteten Aktiva) für sämtliche Risikoarten.

Abb. 3.1 gibt einen Überblick über die wesentlichen Änderungsbereiche zu den Kapitalanforderungen unter Basel IV und die jeweiligen Dokumentationsstände, welche in der Folge noch genauer dargestellt werden.

3.1 Mindestkapitalanforderungen

3.1.1 Qualität des Kapitals/Eigenkapitalinstrumente

Die Regelungen zur Qualität des Eigenkapitals und den zur Erfüllung der Kapitalanforderungen zugelassenen Eigenkapitalinstrumenten bleiben gegenüber Basel III unverändert.

© Der/die Autor(en), exklusiv lizenziert durch Springer Fachmedien Wiesbaden GmbH, ein Teil von Springer Nature 2021
B. Zirkler et al., *Basel IV in der Unternehmenspraxis*, essentials,
https://doi.org/10.1007/978-3-658-35018-5_3

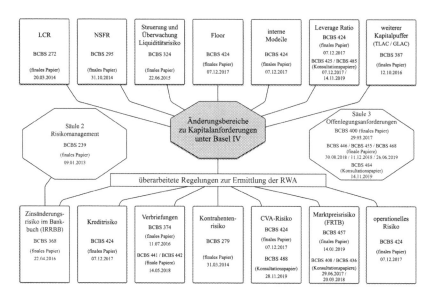

Abb. 3.1 Übersicht Änderungsbereiche zu Kapitalanforderungen unter Basel IV

3.1.2 Quantität des Kapitals/Kapitalquoten

Die Regelungen zu den Kapitalquoten bleiben ohne Änderungen bestehen. Die Neuregelungen führen jedoch zu Anpassungen bei den risikogewichteten Aktiva als Bezugsgröße und Berechnungsbasis für die jeweiligen Kapitalanforderungen. Sie beeinflussen damit auch die Höhe des zukünftig vorzuhaltenden Eigenkapitals. Bei der Analyse der Veränderungen der Kapitalanforderungen sind daher alle im Rahmen der neuen Regelungen zur Ermittlung der risikogewichteten Aktiva beschriebenen Risikobereiche und deren Auswirkungen zu berücksichtigen.

3.1.3 Kapitalpuffer

Die bereits mit Basel III eingeführten Kapitalpuffer (Kapitalerhaltungspuffer, antizyklischer Puffer und Systemrisikopuffer) bleiben unverändert.

Unter Basel IV wurden zusätzliche Regelungen hinsichtlich der Verlustabsorptionsfähigkeit (Total Loss-Absorbing Capacity, TLAC) von systemrelevanten Kreditinstituten (Global Systemically Important Bank, G-SIBs) im Rahmen des im November 2015 erschienenen Papiers „Principles on Loss-Absorbing and Recapitalisation Capacity of G-SIBs in Resolution"[1] veröffentlicht. Die Anforderungen basieren auf einer Reihe von Grundsätzen und wurden vom Financial Stability Board und dem Basler Ausschuss gemeinsam entwickelt. Ziel war es, das „Too-Big-to-Fail" Problem zu lösen und eine ausreichende Verlustabsorptions- und Rekapitalisierungsfähigkeit sicherzustellen.

Durch diese zusätzlichen Kapitalanforderungen für systemrelevante Kreditinstitute sollte eine geordnete Abwicklung dieser Institute ohne Gefährdung der Finanzmarktstabilität oder Belastung des Steuerzahlers sichergestellt werden. Ein zentrales Instrument des angepassten Abwicklungsrahmenwerks ist die Gläubigerbeteiligung. Dieses als „Bail-in" bezeichnete Instrument stellt darauf ab, dass außerhalb von Insolvenzverfahren gleichermaßen Eigentümer, nachrangige Gläubiger sowie neuerdings Fremdkapitalgeber, deren Ansprüche nicht nachrangig sind, für den teilweisen Ausgleich von Verlusten eines Kreditinstituts herangezogen werden. Auf europäischer Ebene wurde im Rahmen der Sanierungs- und Abwicklungsrichtlinie (Bank Recovery and Resolution Directive, BRRD) bereits eine Mindestanforderung an Eigenmittel und berücksichtigungsfähige Verbindlichkeiten (Minimum Requirement for Own Funds and Eligible Liabilities, MREL) eingeführt. Diese ist institutsindividuell unter Berücksichtigung bestimmter Vorgaben festzulegen.

Die Abb. 3.2 zeigt den Mechanismus des Umgangs mit in Schieflage geratenen Banken vor und während der Finanzkrise im Vergleich.

Nach vollständiger Umsetzung zum 01.01.2022 soll die TLAC-Anforderung für G-SIBs 18,0 % der risikogewichteten Aktiva betragen und ist zusätzlich zu den bereits eingeführten Kapitalpuffern vorzuhalten.

Die Ermittlung der TLAC-Quote erfolgt nach der folgenden Formel 3.1:

$$\text{TLAC-Quote} = \frac{\text{CET1} + \text{TLAC-fähige Verbindlichkeiten} + \text{G-SIB Investments}}{\text{RWA}}$$

Formel 3.1: TLAC-Quote (RWA)

Dabei umfasst TLAC grundsätzlich sämtliches „going concern"-Kapital (zur Deckung von Verlusten im laufenden Geschäftsbetrieb) und „gone concern"-Kapital (zur Verlusttragung und Rekapitalisierung im Abwicklungsfall) eines Institutes, mit Ausnahme des zur Erfüllung der Kapitalpufferanforderungen benötigten Eigenkapital.

---

[1] Financial Stability Board (2015).

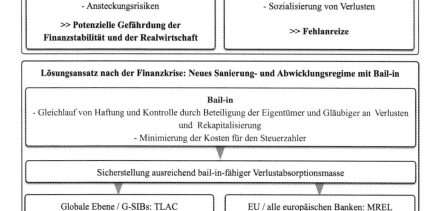

Abb. 3.2   Umgang mit in Schieflage geratene Banken. (Deutsche Bundesbank (2016), S. 68.)

Im Hinblick auf G-SIBs ergibt sich im Zuge der Behandlung der Leverage Ratio dahin gehend eine Anpassung, dass unter Beachtung des TLAC – und damit der TLAC-fähigen Verbindlichkeiten – schrittweise bis zum 01.01.2022 eine sogenannte TLAC-Leverage Ratio Exposure (TLAC-LRE) in Höhe von 6,75 % vorhalten ist. Nationale Aufsichtsbehörden können auch eine über diesem Mindeststandard liegende Anforderung festsetzen. Demgemäß haben G-SIBs im Rahmen ihrer Gesamtbanksteuerung obligatorisch einen Vergleich zwischen der TLAC-basierten Kapitalanforderungen zum einen und der TLAC-LRE zum anderen vorzunehmen und die größere der beiden Steuerungsgrößen als Kapital vorzuhalten.

Die Ermittlung der TLAC-LRE erfolgt nach der folgenden Formel 3.2:

$$\text{TLAC-LRE} = \frac{\text{CET1} + \text{TLAC-fähige Verbindlichkeiten} + \text{G-SIB Investments}}{\text{Leverage Ratio Denominator}}$$

Formel 3.2: TLAC-LRE

Der Vollständigkeit halber sei darauf hingewiesen, dass der im Nenner obenstehender Formel anzuwendende Leverage Ratio Denominator der Engagementmessgröße der Leverage Ratio entspricht. Auf diese wird detailliert im Gliederungspunkt 3.3 eingegangen.

Die geplante Total Loss-Absorbing Capacity besteht aus den Minimum-Basel-III-Mitteln sowie der Gone Concern Loss-Absorbing Capacity (GLAC), die aus Bail-in-fähigem Fremdkapital oder dem die Mindestquote von 8,0 % überschreitendem Eigenkapital gebildet werden kann. Mindestens ein Drittel der TLAC-Anforderung soll über nicht zum regulatorischen Eigenkapital zählendes anrechenbares Fremdkapital abgedeckt werden.

Die zur Deckung der Kapitalanforderungen für die TLAC angesetzten Fremdkapitalpositionen müssen die folgenden Eigenschaften erfüllen:

- Restlaufzeit von mehr als einem Jahr,
- unbesichert und nicht gedeckt (eingezahlt),
- unterliegen vertraglich einem Bail-in im Abwicklungsfall sowie
- im Insolvenzfall nachrangig zu allen anderen, nicht TLAC-fähigen Verbindlichkeiten.

Zudem ist zu beachten, dass die Teile des harten Kernkapitals, die zur Erfüllung der TLAC-Anforderungen verwendet werden, nicht mehr zur Abdeckung der anderen regulatorischen Kapitalpuffer zur Verfügung stehen.

Beide Steuerungskennziffern (TLAC-Quote und TLAC-LRE) gelten ausschließlich für systemrelevante Kreditinstitute und haben die Funktion eines Bail-in-Instruments. Die Regelungen beinhalten Vorgaben bezüglich eines Mindestmaßes an im Abwicklungsfall durch eine Umwandlung für eine Verlustdeckung oder Rekapitalisierung zur Verfügung stehenden Verbindlichkeiten. Auf diese Kapitalpuffer würde demnach zurückgegriffen werden, wenn im Abwicklungsfall das Eigenkapital mit sonstigen Kernkapitalbestandteilen und Ergänzungskapital nicht zur Verlustdeckung beziehungsweise Rekapitalisierung ausreicht.

Die folgende Abb. 3.3 veranschaulicht die Zusammensetzung des TLAC-Kapitals hinsichtlich der TLAC-Kapitalanforderung und der TLAC-Leverage.

Seit 2019 gelten zudem erweiterte Offenlegungspflichten für G-SIBs bezüglich der gehaltenen TLAC-fähigen Instrumente. Diese beinhalten regelmäßige Informationen zu Volumina, Laufzeiten und Zusammensetzung des TLAC, Internal TLAC sowie weiteren berücksichtigungsfähigen nachrangigen Instrumenten.

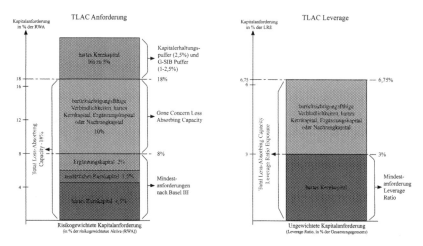

Abb. 3.3   Ermittlung TLAC für RWA und Leverage Ratio

Die folgende Tab. 3.1 zeigt die wesentlichen Elemente des TLAC im Überblick.[2]

Über den am 12.10.2016 veröffentlichten Standard „TLAC Holdings – Amendments to the Basel III standard on the definition of capital" (BCBS 387) wurden die zuvor festgelegten Kriterien zur Ermittlung von TLAC Beständen in das Regelwerk Basel III integriert.

Mit dem finalen Standard wird ein Tier 2 – Reduzierungsansatz eingeführt. So müssen international aktive Banken (egal ob G-SIB oder nicht) ihre TLAC Bestände, die sonst nicht die Kriterien für regulatorisches Kapital erfüllen, von ihrem eigenen Tier 2 Kapital (Ergänzungskapital) in Abzug bringen. Hierdurch wird eine signifikante Ansteckungsquelle im Bankensystem deutlich reduziert. Ohne den Abzug könnten die TLAC Bestände dazu beitragen, dass Verfehlungen eines G-SIBs zu einer Verminderung der Verlustabsorptions- und Rekapitalisierungskapazitäten anderer Banken führen. Der Abzug der TLAC Bestände vom Tier 2 Kapital ermöglicht eine einheitliche Behandlung, die von allen Instituten konsistent eingesetzt werden kann.

---

[2]Vgl. NordLB (2017), S. 5.

Tab. 3.1 Übersicht zu TLAC

Anwendungsbereich	G-SIBs
Inkrafttreten	01.01.2019
Bestimmung	Säule 1 Anforderung 01.01.2019: 16,0 % der RWA / 6,0 % der Basel III LRE 01.01.2022: 18,0 % der RWA / 6,75 % der Basel III LRE
Kapitalpuffer	ausgeschlossen
Anforderung an Nachrangigkeit	ja, über strukturelle Nachrangigkeit, gesetzliche Nachrangigkeit, vertragliche Nachrangigkeit
Geeignete Instrumente	TLAC-fähige Verbindlichkeiten: • Verbindlichkeiten, die ohne No-creditor-worse-off (NCWO) Ansprüche abgeschrieben oder in Eigenkapital gewandelt werden können, • eingezahlte, unbesicherte Verbindlichkeiten, • kein Recht zur Aufrechnung, • Restlaufzeit über ein Jahr, • nicht rückkaufbar durch den Inhaber, • keine versicherten Einlagen, • keine Sicht- und kurzfristigen Einlagen, • keine Derivateverbindlichkeiten, • keine zu normalen Senior Unsecured Bonds vorrangige Verbindlichkeiten sowie • keine Verbindlichkeiten, die vom Bail-in ausgeschlossen sind (von nationalen Gesetzen)

(Eigene Darstellung, in Anlehnung an Wallenborn, I., Brisbois, E. (2014).)

Das wesentliche Qualifikationskriterium für TLAC-fähige Instrumente ist die Nachrangigkeit zu einer Liste ausgeschlossener Verbindlichkeiten. Diese Nachrangigkeit kann eingebettet sein in vertragliche Vereinbarungen sowie in gesetzliche Vorgaben oder strukturelle Nachrangigkeit aufgrund der Emission durch eine Abwicklungseinheit, die keine ausgeschlossenen gleich- oder nachrangigen Verbindlichkeiten zu TLAC-fähigen Instrumenten hat. Investierende Banken müssen den aktuellen verfügbaren Wert für die Berechnung der Reduzierung ihrer TLAC Bestände heranziehen.

Durch die Regelungen zum TLAC ergeben sich ebenso Änderungen bei der Berechnung der regulatorischen Kapitalpuffer. So steht das zur Deckung der TLAC Anforderungen benötigte und genutzte Kernkapital nicht für die Erreichung der geforderten Kapitalpuffer zur Verfügung. Es wird gefordert, dass die Kapitalpuffer zusätzlich zu den Mindestanforderungen für den TLAC vorgehalten werden.

3.1.4 Zusammenfassung zu den Mindestkapitalanforderungen

Die folgende Abb. 3.4 veranschaulicht die vorgesehenen Kapitalanforderungen nach den Regelungen von Basel IV. Sie zeigt, dass die Kapitalanforderungen insbesondere für systemrelevante Institute aufgrund der Einführung der Total Loss-Absorbing Capacity und der damit verbundenen zusätzlich vorzuhaltenden Gone-Concern Loss-Absorbing Capacity ab 2019 deutlich ansteigen werden.

3.2 Risikoerfassung und Ermittlung der risikogewichteten Aktiva

Im folgenden Abschnitt werden vorgesehene Veränderungen bei der Ermittlung der risikogewichteten Aktiva für die verschiedenen Risikobereiche unter Basel IV näher dargestellt.

3.2.1 Kreditrisiko

Der Kreditrisikostandardansatz nach Basel III wurde wegen unzureichender Risikosensitivität, zu starker Abhängigkeit von externen Ratings, einer nicht mehr adäquaten Kalibrierung der Risikogewichte sowie fehlenden Vergleichbarkeit der Ergebnisse aufgrund von nationalen Wahlrechten immer häufiger kritisiert. Vor diesem Hintergrund hat der Basler Ausschuss am 07.12.2017 das Papier „Basel III: Finalising post-crisis reforms" (BCBS 424) beschlossen und veröffentlicht. Im finalen Basel III Reform Paket ist unter anderem die Einführung einer Floor-Regelung enthalten, deren Quantifizierung über den Kreditrisikostandardansatz erfolgt. Die entsprechende Kapitalanforderung muss künftig auch von IRB-Instituten zusätzlich ermittelt und offengelegt werden. In diesem Zusammenhang ist unter Kreditrisiko im engeren Sinn (Ausfallrisiko) „[…] das Risiko zu verstehen, dass der Schuldner nicht in der Lage ist, seinen Zahlungsverpflichtungen […] in vollständigem Umfang nachzukommen."[3] Unter Kreditrisiko im weiteren Sinn (Migrationsrisiko) „ist das Risiko einer Bonitätsverschlechterung (z. B. Ratingherabstufung) zu verstehen und damit eine Erhöhung der (durch das Rating signalisierten) Ausfallwahrscheinlichkeit. Für markgehandelte Schuldtitel resultiert hieraus ein erhöhter Spread relativ zu einem vergleichbaren ausfallfreien

[3] Albrecht P., Huggenberger, M. (2015), S. 238.

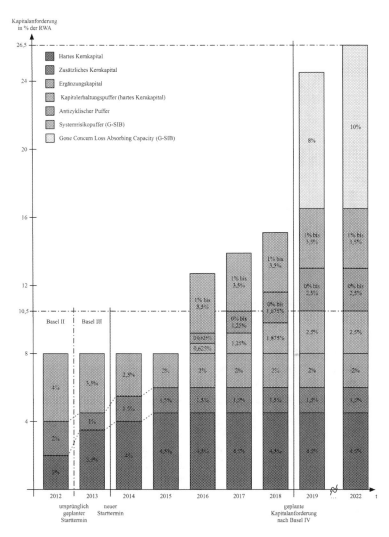

Abb. 3.4 Kapitalanforderungen unter Basel IV

Titel (spread risk) und damit ceteris paribus eine Verringerung des Marktwertes (Kursverlust)."[4]

Die finalen Regelungen zur Behandlung der Kreditrisiken enthalten eine weitere Differenzierung und damit höhere Granularität bei den Forderungsklassen sowie teilweise Änderungen der Risikogewichte.

Wesentliche Neuerungen in den einzelnen Forderungsklassen werden nachfolgend erläutert.

- **Forderungsklasse „Banks" (Kreditierungen zwischen Banken)**
  Zur Ermittlung der Risikogewichte werden zwei neue Ansätze eingeführt:
  - **External Credit Risk Assessment Approach** (ECRA) mit der Möglichkeit der Verwendung vorhandener externer Ratings, für die mit Hilfe einer Tabelle das jeweilige Basis-Risikogewicht ermittelt wird. Neu ist hier die zusätzliche Pflicht zu einer Due-Diligence-Überprüfung des vorhandenen externen Ratings.
  - **Standardised Credit Risk Assessment Approach** (SCRA) zur Risikogewichtung von Forderungen an Banken ohne externes Rating, beziehungsweise falls der Einsatz externer Ratings nicht explizit zugelassen wurde. Dieser Ansatz sieht die Einteilung des Kreditrisikos nach bestimmten Kriterien in drei Stufen A, B und C[5] sowie eine Due-Diligence-Überprüfung vor.

Des Weiteren differenzieren die aktuellen Ansätze nicht mehr nach der Restlaufzeit der Forderung, sondern nach deren Ursprungslaufzeit. Zudem wird eine zusätzliche Unterscheidung zwischen kurzfristigen und langfristigen Forderungen eingeführt. Neu sind auch die separaten Regelungen zu gedeckten Schuldverschreibungen. Die nachfolgende Abb. 3.5 visualisiert das Prüfschema zur Ermittlung der Risikogewichte für die Forderungsklasse „Banks".

Die folgende Tab. 3.2 zeigt die jeweils vorgeschriebenen anzuwendenden Risikogewichte für die Forderungsklasse „Banks" in den unterschiedlichen Ansätzen:

Des Weiteren wurden separate Regelungen für Risikogewichte der Forderungsklasse „Banks" – gedeckte Schuldverschreibungen getroffen, auf welche an dieser Stelle allerdings nicht näher eingegangen wird.[6]

---

[4]Ebenda.

[5]Stufe A: Erfüllung aller regulatorischen Mindestvorgaben, Stufe B: ein oder mehrere Kapitalpuffer nicht eingehalten, Stufe C: mindestens eine regulatorische Mindestanforderung nicht erfüllt. Vgl. BCBS 424 (2017), S. 9.

[6]Vgl. hierzu ausführlich Zirkler, B. et al. (2020), S. 49 f.

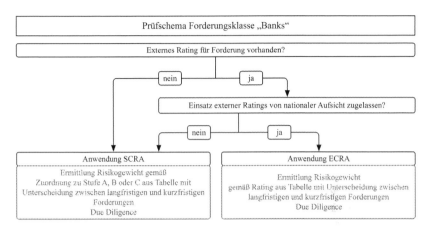

Abb. 3.5 Prüfschema Forderungsklasse „Banks"

Tab. 3.2 Risikogewichtung der Forderungsklasse „Banks"

Neuer KSA: ECRA – Banken mit Rating	AAA bis AA-	A + bis A-	BBB + bis BBB-	BB + bis B-	unter B-
Basis-Risikogewicht	20 %	30 %	50 %	100 %	150 %
Risikogewicht bei ULZ < 3 Monate	20 %	20 %	20 %	50 %	150 %
Neuer KSA: SCRA – Banken ohne Rating	Stufe A		Stufe B		Stufe C
Basis-Risikogewicht	30 % / 40 %		75 %		150 %
Risikogewicht bei ULZ < 3 Monate	20 %		50 %		150 %

(Vgl. BCBS 424 (2017), S. 8 f.)

- **Forderungsklasse „Corporates" (Unternehmen) mit Aufteilung in zwei Kategorien**
  Zur Ermittlung der Risikogewichtung für die Kategorie „General Corporate Exposures" (klassische Unternehmensfinanzierungen) sind künftig je nach Zulässigkeit externer Ratings unterschiedliche Verfahren anzuwenden. Sind externe Ratings zugelassen, wird den Corporates mit einem externen Rating das Risikogewicht über eine entsprechende Tabelle zugeordnet. Sofern keine externen Ratings zugelassen sind, erhalten Corporates, die als „Investment

Grade" (≥ BBB) eingestuft werden, ein Risikogewicht von 65,0 % und alle anderen nicht der Forderungsklasse Ausfall zuzuordnenden Exposures ein Risikogewicht von 100 %. Forderungen gegenüber KMU ohne externes Rating erhalten künftig ein Risikogewicht von 85,0 %, unabhängig davon, ob ein externes Rating vorhanden ist oder nicht. Bei Einhaltung der folgenden Kriterien können Forderungen gegenüber KMU auch dem im Folgenden noch näher erläuterten Retail-Segment mit einem Risikogewicht von 75,0 % zugeordnet werden:

- Kreditnehmer ist natürliche Person oder KMU,
- bei der Forderung handelt es sich um einen revolvierenden Kredit, eine Kreditlinie, einen Privatkredit, Leasing oder eine Kreditlinie oder Zusage an Kleinunternehmen,
- gesamter geschuldeter Betrag des Schuldners darf 1 Million EUR nicht übersteigen sowie
- Gesamtkredite eines Schuldners liegen unter 0,2 % des gesamten Portfolios „Regulatory Retail".

Die neue Kategorie „**Specialised Lending**" (Spezialfinanzierungen) ist in die drei Subkategorien Project Finance mit Unterscheidung zwischen „pre-operational"- und „operational"-Phase, Object Finance sowie Commodities Finance unterteilt. Die Ermittlung der Risikogewichte bei mit einem Rating unterlegten Positionen erfolgt über die Tabelle für General Corporate Exposures. Für Positionen ohne Rating kommen in den Subkategorien unterschiedliche Risikogewichte von 80,0 % bis 130 % zur Anwendung. Die Möglichkeit der Zuweisung des Risikogewichts des Staates des Sitzlandes des Unternehmens entfällt künftig. Neu aufgenommen wurde die Anwendung der Risikogewichte der General Corporate Exposures für Positionen aus der Spezialfinanzierung, wenn für diese ein externes Rating vorliegt und dessen Verwendung zugelassen ist.

Abb. 3.6 zeigt das Prüfschema zur Ermittlung der Risikogewichte für die Forderungsklasse „Corporates".

Die folgenden Tabellen (Tab. 3.3 sowie Tab. 3.4) zeigen die jeweils vorgeschriebenen anzuwendenden Risikogewichte für die Forderungsklasse „Corporates" in den unterschiedlichen Unterklassen:

- **Forderungsklasse „Subordinated Debt, Equity and other Capital Instruments" (nachrangige Verbindlichkeiten, Aktien und andere Kapitalinstrumente)**
  Diese neu geregelte Forderungsklasse umfasst Aktien, nachrangige Verbindlichkeiten und andere Kapitalinstrumente. So sieht der finale Standard bei den

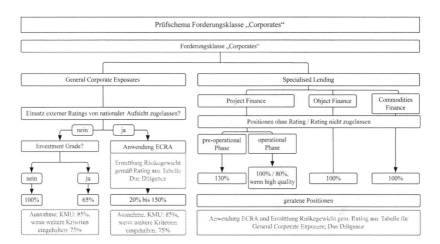

Abb. 3.6 Prüfschema Forderungsklasse „Corporates"

Tab. 3.3 Risikogewichtung der Forderungsklasse „General Corporate Exposures"

Neuer KSA: ECRA – Unternehmen mit Rating	AAA bis AA-	A + bis A-	BBB + bis BBB-	BB + bis BB-	Unter BB-	Ohne Rating
Basis-Risikogewicht	20 %	50 %	75 %	100 %	150 %	100 %

(Vgl. BCBS 424 (2017), S. 13.)

Tab. 3.4 Risikogewichtung der Forderungsklasse „Specialised Lending"

Neuer KSA: ECRA – Spezialfinanzierungen ohne Rating	Object Finance	Commodity Finance	Project Finance	
			Pre-operational	Operational
Basis-Risikogewicht	100 %	100 %	130 %	80 % / 100 %

(Vgl. BCBS 424 (2017), S. 14.)

Beteiligungsrisikopositionen eine höhere Granularität und weitere Unterteilung der Regelungsklassen wie folgt vor:
– nachrangige Verbindlichkeiten und andere Kapitalinstrumente sowie TLAC Verbindlichkeiten erhalten ein Risikogewicht von 150 %,

- Aktien aus bestimmten Regierungsprogrammen erhalten ein Risikogewicht von 100 %,
- die neu eingeführte Unterkategorie für nicht gelistete, hochvolatile oder spekulative Positionen erhält ein Risikogewicht von 400 %,
- für alle anderen Beteiligungspositionen bleibt es bei dem bereits im Konsultationspapier vorgesehenen Risikogewichtung von 250 %.

- **Forderungsklasse „Regulatory Retail" (reguläres Mengengeschäft) und „Other Retail" (sonstiges Mengengeschäft)**

  Unter den Bereich Retail fallen Forderungen gegenüber natürlichen Personen und KMU's. Neu ist die Unterscheidung zwischen „Regulatory Retail" und „Other Retail".

  „Regulatory Retail"-Forderungen erhalten ein einheitliches Risikogewicht von 75,0 % und müssen die folgenden Kriterien erfüllen:

  - Kreditnehmer ist natürliche Person oder KMU,
  - bei der Forderung handelt es sich um einen revolvierenden Kredit, eine Kreditlinie, einen Privatkredit, Leasing oder eine Kreditlinie oder Zusage an Kleinunternehmen,
  - gesamter geschuldeter Betrag des Schuldners darf 1 Million EUR nicht übersteigen sowie
  - Gesamtkredite eines Schuldners liegen unter 0,2 % des gesamten Portfolios „Regulatory Retail".

Alle Forderungen gegenüber natürlichen Personen, bei denen diese Kriterien nicht erfüllt sind, werden der Kategorie **„Other Retail"** zugeordnet und erhalten ein Risikogewicht von 100 %. Forderungen gegenüber KMU, welche die zuvor genannten Kriterien nicht erfüllen, sind nach den Vorgaben für „Corporates" zu behandeln.

Zusätzlich wird eine neue Kategorie „Transactors" eingeführt, die beispielsweise Kreditkartenforderungen beinhaltet. Diese Unterkategorie erhält ein niedrigeres Risikogewicht von 45,0 %. Voraussetzung ist, dass die zugeordneten Forderungen innerhalb der letzten 12 Monate stets fristgerecht bedient wurden.

- **Forderungsklasse „Secured by Real Estate" (durch Immobilien gesicherte Forderungen)**

  Mit dem Standard BCBS 424 wird darüber hinaus eine Unterteilung in „Residential Real Estate" (Wohnimmobilien) und „Commercial Real Estate" (Gewerbeimmobilien) mit Unterscheidung in besicherte und unbesicherte Forderungen wird eine neue Kategorie „Land Acquisition, Development and Construction" (Grunderwerb, Erschließung und Bebauung, ADC) eingeführt.

Die jeweiligen Risikogewichte sind davon abhängig, inwieweit die Rückzahlung der Forderung auf Cashflows aus der Immobilie beruht und wie hoch die Loan-to-Value-Ratio (LTV) als Risikotreiber ist, welche das Verhältnis von Gesamtkreditvolumen je Immobilie zum Wert des Objekts (Beleihungsauslauf) darstellt.

- Für „**Residential Real Estate**"-Forderungen sind im finalen Standard Risikogewichte zwischen 20,0 % und 105 % bei verschiedenen, feiner untergliederten LTV-Bändern vorgesehen.
- Für „**Commercial Real Estate**"-Forderungen gelten künftig Risikogewichte – je nach LTV-Zuordnung – zwischen 60,0 % und 110 %.

Bei beiden Forderungsklassen werden die Risikogewichte bei Anwendung des „Whole Loan Approaches" auch weiterhin entscheidend davon beeinflusst, inwieweit die Rückzahlung von den Cashflows aus der Immobilie abhängt und wie hoch die „Loan-to-Value Ratio" ist.

Der finale Standard sieht die Umsetzung des „Loan-to-Value"-Ansatzes bei gleichzeitiger Reduzierung der Risikogewichte und der Wahlmöglichkeit zwischen dem „Whole Loan Approach" und dem „Loan-splitting Approach" (Realkreditsplitting) vor.

Für die unter „**Land Acquisition, Development and Construction**" fallenden Forderungspositionen gilt ein Risikogewicht von 150 %. Die Rückzahlung der Forderung hängt dabei vom Cashflow aus einem ungewissen zukünftigen Verkauf ab.

Abb. 3.7 zeigt das Prüfschema zur Ermittlung der Risikogewichte für die Forderungsklasse „Secured by Real Estate".

Die folgenden Tabellen (Tab. 3.5 sowie Tab. 3.6) zeigen die jeweils vorgeschriebenen anzuwendenden Risikogewichte für die Forderungsklasse „Secured by Real Estate" in den unterschiedlichen Unterklassen:

Des Weiteren wurden separate Regelungen für Risikogewichte in Bezug auf die Forderungsklassen „Multilateral Development Banks", „Past due Loans" (ausgefallene Positionen[7]) und „other Assets" getroffen. Gleichermaßen definiert der finale Standard sogenannte *Konversionsfaktoren*, mit welchen Risiken aus außerbilanziellen Positionen hinsichtlich ihrer Ausfallwahrscheinlichkeit **und** Loss

---

[7]Unter ausgefallene Positionen zählen Forderungen, die schon mehr als 90 Tage überfällig sind und für die eine Zahlung unwahrscheinlich erscheint. Vgl. BCBS 347 (2015), S. 17.

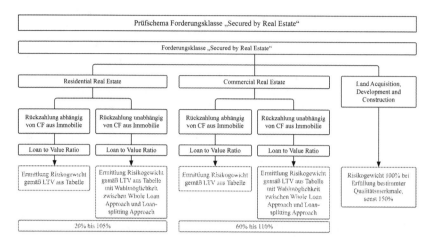

Abb. 3.7 Prüfschema Forderungsklasse „Secured by Real Estate"

Given Default (unbesichert/besichert) zu ermitteln sind, und Kreditrisikominderungstechniken. Auf genannte Aspekte wird an dieser Stelle allerdings nicht näher eingegangen.[8]

Mit den dargestellten neuen Regelungen verfolgt der Basler Ausschuss das Ziel, die Risikosensitivität bei einer überschaubaren Komplexität zu erhöhen und die nationalen Wahlrechte zur Herstellung vergleichbarer Kapitalanforderungen zu reduzieren.

Das folgende Schaubild Abb. 3.8 fasst die Veränderungen im Überblick zusammen.

3.2.2 Verbriefungen

Am 11.07.2016 wurde vom Basler Ausschuss mit dem Dokument „Revisions to the securitisation framework" (BCBS 374) ein finales Papier zur Behandlung von Verbriefungen veröffentlicht, welches zum 01.01.2018 in Kraft trat. In diesem Zusammenhang sind unter Verbriefungen Bündel von Einzelforderungen zu verstehen, welche in Wertpapiere transformiert, tranchiert und an Kapitalmärkten gehandelt werden.

---

[8]Vgl. hierzu ausführlich Zirkler, B. et al. (2020), S. 54–57.

Tab. 3.5 Risikogewichtung der Forderungsklasse „Residential Real Estate"

	LTV ≤ 50 %	50 % ≤ LTV ≤ 60 %	60 % ≤ LTV ≤ 80 %	80 % ≤ LTV ≤ 90 %	90 % ≤ LTV ≤ 100 %	LTV > 100 %
Neuer KSA: Rückzahlung *nicht abhängig* von Cashflows aus Immobilie						
Risikogewicht	20 %	25 %	30 %	40 %	50 %	70 %
Neuer KSA: Rückzahlung *abhängig* von Cashflows aus Immobilie	LTV ≤ 50 %	50 % ≤ LTV ≤ 60 %	60 % ≤ LTV ≤ 80 %	80 % ≤ LTV ≤ 90 %	90 % ≤ LTV ≤ 100 %	LTV > 100 %
Risikogewicht	30 %	35 %	45 %	60 %	75 %	105 %

(Vgl. BCBS 424 (2017), S. 21 f.)

Tab. 3.6 Risikogewichtung der Forderungsklasse „Commercial Real Estate"

Neuer KSA: Rückzahlung *nicht abhängig* Von Cashflows aus Immobilie	LTV ≤ 60 %		LTV > 60 %
Risikogewicht	Minimum aus 60 % oder Kontrahent		Kontrahent
Neuer KSA: Rückzahlung *abhängig* Von Cashflows aus Immobilie	LTV ≤ 60 %	60 % ≤ LTV ≤ 80 %	LTV > 80 %
Risikogewicht	70 %	90 %	110 %

(Vgl. BCBS 424 (2017), S. 23 f.)

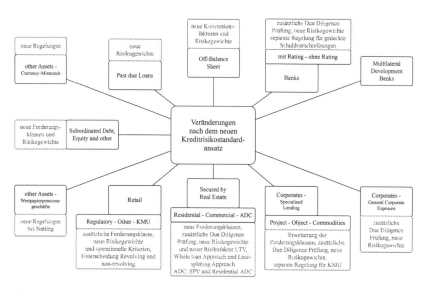

Abb. 3.8 Wesentliche Veränderungen nach dem neuen KSA

Aufgrund der Erfahrungen während der Finanzkrise (2008/2009) wurden Schwächen der bisherigen Vorschriften deutlich und im Rahmen ihrer umfassenden Überarbeitung berücksichtigt. Ziel war es, künftige Fehlentwicklungen durch eine stärkere Unabhängigkeit von externen Ratings, höhere Risikosensitivität und einer Verringerung von „Klippeneffekten" zu vermeiden. Dieser Terminus bezeichnet die Folgen einer unvorhergesehenen Herabstufung der Bonität unterhalb eines definierten Schwellenwertes, sofern die Bonitätsverschlechterung eines einzelnen Wertpapiers unverhältnismäßig hohe Implikationen auf das Gesamtportfolio nach sich zieht.

Das Rahmenwerk enthält weniger Ansätze sowie eine veränderte Rangfolge der auf internen und externen Ratings basierenden Ansätze zur Beurteilung und Bewertung der Risiken von Verbriefungspositionen. Dabei vermindert sich die Bedeutung externer Ratings.

Im Rahmenwerk ist die folgende Rangfolge zur Anwendung der vorgesehen drei Ansätze geregelt:

1. Securitisation Internal Ratings-Based Approach (SEC-IRBA),
2. Securitisation External Ratings-Based Approach (SEC-ERBA)[9],
3. Securitisation Standardised Approach (SEC-SA).

Der **Securitisation Internal Ratings-Based Approach** (SEC-IRBA) darf ausschließlich dann angewendet werden, sofern ein genehmigtes IRB-Modell für die Forderungen im Verbriefungspool vorliegt. Er nutzt den *„Simplified Supervisory Formula Approach"* (SSFA)[10] zur Bestimmung des Risikogewichts für die jeweilige Verbriefungsposition. Als zusätzliche Inputparameter werden die Tranchendicke, die Laufzeit der Verbriefungstranche sowie die für die Forderung geltende Kapitalunterlegung berücksichtigt, wenn diese nicht verbrieft worden wäre.

Der **Securitisation External Ratings-Based Approach** (SEC-ERBA) setzt ein vorhandenes externes Rating für die zu gewichtenden Verbriefungspositionen voraus. Daneben werden die Tranchendicke, die Seniorität[11] und die Restlaufzeit der Verbriefungsposition als weitere Inputfaktoren bei der Ermittlung der Risikogewichte über Mapping-Tabellen mit einer Restlaufzeit von einem und fünf

---

[9]Dieser Ansatz ist nur anzuwenden, falls vom nationalen Gesetzgeber zugelassen, vgl. BCBS 303 (2014), S. 3–5.

[10]Zum Simplified Supervisory Formula Approach, vgl. BCBS 236 (2012), S. 22 f.

[11]Der dem Finanzwesen entstammende Begriff der **Seniorität** bezeichnet die Reihenfolge der Rückzahlung im Falle des Verkaufs, oder der Insolvenz des Emittenten, wobei vorrangige gegenüber nachrangigen Schuldtiteln zurückzuzahlen sind. Jedes Wertpapier, welches ein Unternehmen emittiert, ist ein bestimmter Vorrang oder Rang immanent, wobei es grundsätzlich irrelevant ist, ob es sich hierbei um Schuldtitel, wie zum Beispiel Anleihen, oder um Eigenkapital, beispielsweise in Form von Vorzugsaktien handelt. Fremdkapitaltitel, welche in der Kapitalstruktur eines Unternehmens die gleiche Stellung aufweisen, werden als *pari passu* bezeichnet. Im Segment des Eigenkapitals besitzen Vorzugsaktien Vorrang gegenüber Stammaktien. Vgl. Lee, C.-F., Lee A. C. (2013), S. 170.

Jahren für short-term und long-term Ratings berücksichtigt. Die Risikogewichte für Zwischenlaufzeiten müssen durch lineare Interpolation ermittelt werden.

Zur Ermittlung der Risikogewichte nach dem **Securitisation Standardised Approach** (SEC-SA) wird wie beim SEC-IRBA der *Simplified Supervisory Formula Approach* verwendet. Zusätzlich notwendige Inputparameter sind die Kapitalanforderungen der zugrunde liegenden Exposures nach dem *Kreditrisikostandardansatz* (KSA), der Anteil der Positionen mit einer Leistungsstörung (Leistungsverzug > 90 Tage oder Insolvenz-/Zwangsvollstreckungsverfahren) sowie die Tranchendicke.

Eine in diesem Zusammenhang wesentliche Neuerung besteht in der Integration separater Regelungen zur Behandlung von „einfachen, transparenten und vergleichbaren" Verbriefungen (simple, transparent and comparable securitisations, STC). Für diese sind Erleichterungen bei den Risikogewichten vorgesehen.[12]

Für Verbriefungen, welche die Kriterien der Einfachheit, Transparenz und Vergleichbarkeit erfüllen, gelten niedrigere Risikogewichte, was in der Folge tendenziell zu sinkenden risikogewichteten Aktiva und geringeren Kapitalanforderungen führt.[13] Die im Regelwerk definierten Kriterien sollen den Vertragspartnern dabei helfen, die Risiken und Erträge bestimmter Verbriefungen besser einschätzen und vergleichen zu können. Investoren sollen bei der Due Diligence Prüfung unterstützt werden und umfangreichere und verlässlichere Informationen erhalten. Neben der Erhöhung der Transparenz und Vergleichbarkeit soll hierdurch auch die Risikosensitivität verbessert werden. Die Kriterien sollen dabei helfen, die mit Risikokapital, Strukturrisiko, Governance und operationellem Risiko verbundenen Unsicherheiten zu vermindern. Dabei wird dem Bedarf an einem höheren Regelungsgrad bei den Vorgaben zu den vorrangigen Kapitalanforderungen Rechnung getragen und ein Fokus auf die Investorenperspektive gelegt.

Die folgende Abb. 3.9 gibt einen Überblick über die Veränderungen bei der Behandlung von Verbriefungen.

---

[12]Hinsichtlich Erleichterungen bei Risikogewichten für STC-Verbriefungen vgl. „Revisions to the securitisation framework" (BCBS 374), S. 23 und S. 35.

[13]Die hierfür anzuwendenden Kriterien sind in den Standards „Criteria for identifying short-term "simple, transparent and comparable" securitisations" (BCBS 441) und „Capital treatment for simple, transparent and comparable short-term securitisations" (BCBS 442) niedergelegt.

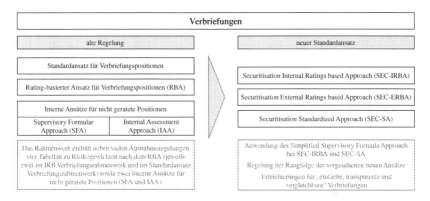

Abb. 3.9 Veränderungen bei der Behandlung von Verbriefungen

3.2.3 Kontrahentenrisiko

Der Basler Ausschuss hat im März 2014 das Regelwerk „The standardised approach for measuring counterparty credit risk exposures" (BCBS 279) mit überarbeiteten Vorgaben zum Standardansatz für das Kontrahentenrisiko veröffentlicht. Die Einführung der neuen Verfahren zur Ermittlung des Adressenausfallrisikos erfolgte zum 01.01.2017. In diesem Zusammenhang werden unter einem Kontrahentenrisiko die Verlustrisiken aus dem Ausfall vertraglich festgelegter Zahlungen (Adressausfallrisiko) der Gegenpartei eines Derivategeschäfts verstanden.

Die Überarbeitung des Standards wurde notwendig, da die Resultate der zuvor verwendeten *Marktbewertungsmethode* nicht hinnehmbare Schwankungen aufwiesen und entsprechend die Realität nicht adäquat abbildeten. Dies galt insbesondere für Derivate mit einer hohen Volatilität. Durch die Überarbeitung wurden neue Risikogewichte für die einzelnen Forderungsklassen entwickelt.

Die zuvor verwendeten Verfahren *Current Exposure Method, Standardised Method* und *Original Exposure Method*, werden seitdem durch den Standardansatz für *Counterparty Credit Risk* (SA-CCR), eine risikosensitivere Methode, ersetzt.

Bei der Ermittlung des regulatorischen Exposure at Default (EAD)[14] gemäß SA-CCR sind insbesondere die aktuellen Replacement Costs (RC) des Nettingsets[15] sowie der Wert des Potential Future Exposure (PFE)[16] von Bedeutung. Die Ermittlung des Potential Future Exposure erfolgt auf Basis eines Multiplikators sowie eines Add Ons, die für jede Assetklasse separat festgelegt sind. Dabei wird zwischen Zinsderivaten, Fremdwährungsderivaten, Kredit- und Aktienderivaten sowie Rohstoffderivaten unterschieden. Die Berechnung der Exposure at Default erfolgt auf Basis der folgenden vier Komponenten:

- **Replacement Costs:** zukünftiger Wiedereindeckungsaufwand,
- **Alpha-Faktor:** aufsichtlicher Skalierungsfaktor (1,4 entspricht IMM),
- **Multiplikator:** zur Berücksichtigung der risikoreduzierenden Wirkung einer Übersicherung und negativen Marktwerten (reduziert dann das Add On) sowie
- **Add On:** potentielle künftige Erhöhungen des gegenwärtigen Exposures in Abhängigkeit von der Volatilität der Assetklasse (Zinssatz, Währungen, Kredit, Aktien und Rohstoffe).

Zusätzlich sind **Hedging Effekte** zu berücksichtigen, welche die Höhe des Exposures beeinflussen und über die Bildung von Hedging-Sets zu einer Minimierung des anzuwendenden Risikopositionswerts beitragen können.

Die Verwendung des dargestellten SA-CCR Ansatzes zur Ermittlung des Kontrahentenrisikos ist insbesondere für Kreditinstitute obligatorisch, die keine Zulassung zur Anwendung interner Modelle für OTC-Transaktionen besitzen. Dabei gibt es in Abhängigkeit der Transaktionsart verschiedene Verfahren zur Kalkulation der einzelnen Komponenten. Die detaillierte Darstellung der Verfahren zur Berechnung der Replacement Costs und des Potential Future Exposure würde den Rahmen dieses Buches sprengen und wird an dieser Stelle nicht weiter vertieft.

---

[14]**Exposure at Default (EAD)** = erwartete Höhe der Forderung zum Zeitpunkt des Ausfalls.

[15]Unter Netting wird ein Verfahren verstanden, in welchem bestehende Forderungen und Verbindlichkeiten gegeneinander aufgerechnet werden, mit dem Ziel, gleichermaßen finanzwirtschaftliche Risiken, als auch administrativen Aufwand innerhalb des gesetzlich zulässigen Rahmens zu verringern. In diesem Zusammenhang beschreibt der Begriff **Nettingset** das Netting sämtlicher Transaktionen zwischen identischen Gegenparteien zu einem Gesamtobligo.

[16]**Potential Future Exposure (PFE)** = potenzieller Verlust infolge eines mit Unsicherheit behafteten zukünftigen Anstiegs der Wiedereindeckungskosten.

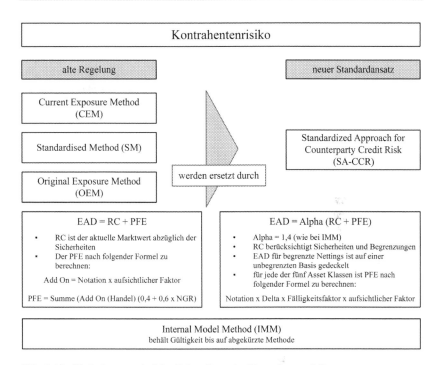

Abb. 3.10 Veränderungen bei der Behandlung des Kontrahentenrisikos

Der neue SA-CCR ist aufgrund der Komplexität der Berechnungsmethoden und der erforderlichen Datenmenge mit einem erhöhten Ermittlungsaufwand verbunden. Tendenziell ist mit höheren Werten der Exposures und damit höheren Kapitalanforderungen zu rechnen. Gleichzeitig führt die höhere Risikosensitivität dazu, dass „ökonomisch getriebene Risikominderungsmaßnahmen auch regulatorisch in einem höheren Grad berücksichtigt"[17] werden.

Abb. 3.10 gibt einen Überblick über die Veränderungen bei der Behandlung des Kontrahentenrisikos.

---

[17]Blecha, K., Schlener, M. (2015), S. 3.

3.2.4   Credit Valuation Adjustment Risiko

Der Basler Ausschuss veröffentlichte ferner am 07.12.2017 im Rahmen des Standards zur Finalisierung von Basel III (BCBS 424) gleichermaßen die Regelungen in Bezug auf das „Credit Valuation Adjustment Risk" (CVA). Diese erfuhren eine Überarbeitung, welche innerhalb des Standards „Targeted revisions to the credit valuation adjustment risk framework" (BCBS 507) niedergelegt und am 08.07.2020 veröffentlicht wurde und insbesondere Adjustierungen hinsichtlich Kalkulations- und Kalibrierungsmethoden beinhaltet. Das Ziel der Überarbeitung war die Herstellung einer methodischen Konsistenz zum FRTB. Unter CVA ist das Risiko einer Bonitätsänderung der Gegenpartei beim Handel von sogenannten OTC-Derivaten über dezentrale Kontrahenten zu verstehen, weswegen es dem Charakter nach als Sonderform des Kontrahentenrisikos einzuordnen ist. Diese Risiken subsumieren gleichermaßen Markt-, als auch Kreditrisiken. Zur Risikomessung wird der Wertunterschied zwischen einem kreditrisikolosen Portfolio und einem identischen Portfolio mit Änderungen der Kreditwürdigkeit ermittelt. Wertänderungen können entweder aus einer veränderten Kreditqualität (Kreditrisiko) oder einer Änderung des Marktpreises (Marktpreisrisiko) beziehungsweise einer Kombination aus beiden entstehen.

Durch die Überarbeitung der CVA-Regelungen wurden folgende Ziele intendiert:

- Die Risikosensitivität wurde bislang durch das Fehlen einer Exposure Komponente eingeschränkt. Die direkte Relation zum Preis der Transaktionen im Zusammenhang mit dem CVA-Risikokapital wurde bisher nicht bzw. nur unzureichend berücksichtigt. Sie wird in den neuen Regelungen zusammen mit verbundenen Hedges einbezogen,
- es wird eine Materialitätsschwelle zur Abbildung der Sensitivität der Preise zur Variabilität der unterlegten Marktpreisrisiko-Faktoren eingeführt, um die materielle Abhängigkeit der CVA zu diesen Faktoren abzubilden,
- Konsistenz mit der Überarbeitung des „Fundamental Review of the Trading Book" sowie
- Harmonisierung der Quantifizierung des beizulegenden Zeitwerts (Fair Value) des CVA-Standards mit dem IFRS 13.

Die bislang gültigen Verfahren (Standardmethode und fortgeschrittener Ansatz) wurden durch neue, den **Expected Shortfall** als Risikomaß nutzende Ansätze (SA-CVA, BA-CVA sowie eine vereinfachte Methode für kleine Transaktionsvolumina) ersetzt, mit dem Ziel, eine höhere Risikosensitivität zu erreichen.

Der **Standardansatz SA-CVA** stellt ein methodisch vereinheitlichtes Verfahren mit definierten Modellparametern und Multiplikatoren dar. Dieser basiert auf Fair Value Sensitivitäten zu Marktpreisrisikofaktoren. Für die Nutzung ist eine Zulassung durch die zuständige Aufsichtsbehörde erforderlich. Wie beim FRTB-Rahmenwerk erfolgt eine Aggregation der Kapitalanforderungen für Delta- und Vega-Risiken[18] über alle Risikotypen und Buckets hinweg. Die Sensitivitäten werden für jeden Risikofaktor separat ermittelt. Dabei sind Risikogewichte und Korrelationen für alle Buckets und Risikofaktoren genau definiert.

Die **BA-CVA-Methode** nutzt den zuvor beschriebenen Standard-Ansatz als Benchmark und fußt auf der aufsichtlichen Formel. Die Regelungen enthalten eine Tabelle mit anzuwendenden Risikogewichten je nach Sektor und Rating der Gegenpartei (Aufteilung in Investment Grade und High Yield/ohne Rating) sowie fünfzehn sogenannte *Buckets*. Des Weiteren wurde der Beta-Faktor angepasst. Das CVA-Risiko als Form des Marktpreisrisikos wird in der Veränderung des Mark to Market Wertes von Bankforderungen gegenüber derivativen Gegenparteien ersichtlich.

Bei der vereinfachten Methode für kleinere Transaktionsvolumina darf die CVA-Kapital-anforderung gleich gesetzt werden mit 100 % der Kapitalanforderungen für das Kontrahentenrisiko des Kreditinstituts. Diese Möglichkeit kann jedoch unter bestimmten Voraussetzungen von der nationalen Aufsicht untersagt werden.

Da das CVA-Risiko meist eine höhere Komplexität als die Mehrheit der übrigen Positionen im Handelsbuch aufweist, betrachtet der Basler Ausschuss eine robuste Modellierung als nicht möglich. Aus diesem Grund werden interne Modelle nicht mehr zugelassen und entfallen ersatzlos. Die Implementierung der zuvor beschriebenen Regelungen sollte zum 01.01.2022 erfolgen. Auf Grundlage des Beschlusses des Basler Ausschusses vom 27.03.2020 wird das Inkrafttreten auf den 01.01.2023 verschoben.

Resümierend ist davon auszugehen, dass es durch die Einführung der veränderten Regelungen tendenziell zu einer steigenden Kapitalanforderung für CVA-Risiken kommen kann. Dies ist insbesondere für Kreditinstitute ohne Zulassung für die Anwendung der FRTB-CVA-Ansätze von Bedeutung. Abb. 3.11 zeigt die geplanten Änderungen im Überblick.

---

[18]**Delta-Risiko** = Risiko einer Optionsposition, welches dergestalt ist, dass sich der Kurs des Basiswertes entgegen der erwarteten Richtung bewegt.

Vega-Risiko = Risiko von Auswirkungen veränderter Volatilitäten auf die Optionsprämie.

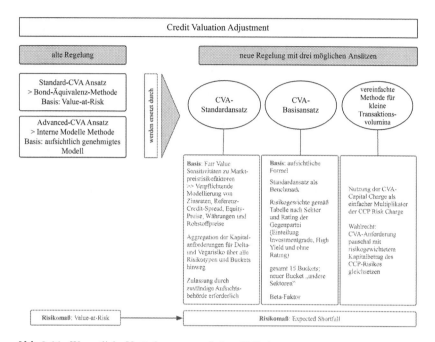

Abb. 3.11 Wesentliche Veränderungen nach dem CVA-Ansatz

3.2.5 Marktpreisrisiko/Handelsbuch

Als weitere Risikokomponente hat der Basler Ausschuss gleichermaßen die Marktpreisrisiken im Rahmen des Standards „Minimum capital requirements for market risk" (BCBS 457), welcher am 14.01.2019 veröffentlicht wurde, einer detaillierten Regulierung unterworfen. In diesem Zusammenhang repräsentieren Marktpreisrisiken im Allgemeinen die von negativen Marktentwicklungen ausgehenden Gefahren. Sie beinhalten insbesondere Verlustrisiken aus Marktpreisschwankungen wie Aktienkurs-, Währungs-, Zins- und Rohwarenrisiken, welche aus der Durchführung von Handelsgeschäften resultieren. Der Vollständigkeit halber sei angemerkt, dass die Gesamtheit sämtlicher auf eigene Rechnung des Kreditinstituts durchgeführter Markt-Engagements unter dem Oberbegriff des *Handelsbuches* subsumiert wird. Die Anpassungen betreffen insbesondere die folgenden Bereiche:

- Abgrenzung von Handelsbuch und Anlagebuch,
- Einführung eines neuen Standardansatzes sowie
- Überarbeitung des „Interne Modelle Ansatzes" samt Floor-Regelung.

Zur Zuordnung der verschiedenen Geschäfte und Positionen zu Anlage- oder Handelsbuch werden explizite Kriterien für die „Handelsbuchtauglichkeit" definiert und eingeführt, nach denen bestimmte Produkte direkt dem Handelsbuch zuzurechnen sind. Zudem soll eine sogenannte *regulatorische Arbitrage*[19] aufgrund von Verschiebungen bei der jeweiligen Zuordnung (interner Risikotransfer) durch die abschließende Festlegung einer zusätzlichen Kapitalanforderung für umgewidmete Positionen eingedämmt werden.

Hierzu erfolgt eine klare Definition der Anforderungen an Handelstische, interne Risikotransfers sowie Begrenzungen der Entscheidungsmöglichkeiten bezüglich der Umwidmung von Positionen, wobei der Begriff Handelstisch (*Trading Desk*) auf einen Geschäftszweig mit einer vorgegebenen Geschäftsstrategie sowie einem eindeutig definierten Risikomanagementprozess abstellt.

Der **Standardansatz** wurde seit seiner Einführung 1996 praktisch nicht mehr verändert, weswegen ein hoher Anpassungsbedarf bestand. Über den **neuen Standardansatz** soll sowohl ein angemessener **Floor** für interne Modelle als auch ein geeignetes Risikomaß für Banken mit geringen Handelsaktivitäten festgelegt werden. Hierzu wurden an unterschiedliche Liquiditätshorizonte angepasste Risikogewichte sowie eine Berücksichtigung von Risikosensitivitäten als Inputparameter eingeführt.

Die neuen Regelungen beinhalten zudem die folgenden **Veränderungen:**

- Einführung einer *Default Risk Charge* (DRC) zur Angleichung der Kapitalanforderungen mit ähnlichen Risiko-Exposures im Anlage- und Handelsbuch. Sie ersetzt die bislang verwendete *Incremental Risk Charge* (IRC) für das Bonitätsveränderungsrisiko,
- Einführung eines zusätzlichen Restrisikozuschlags (Add Ons) über einen fixen Multiplikator für komplexe Instrumente.

---

[19]Unter **regulatorischer Arbitrage** wird die Ausnutzung von Vorteilen im Hinblick auf abweichende Kapitalanforderungen aus unterschiedlichen nationalen Gesetzgebungen heraus bezeichnet.

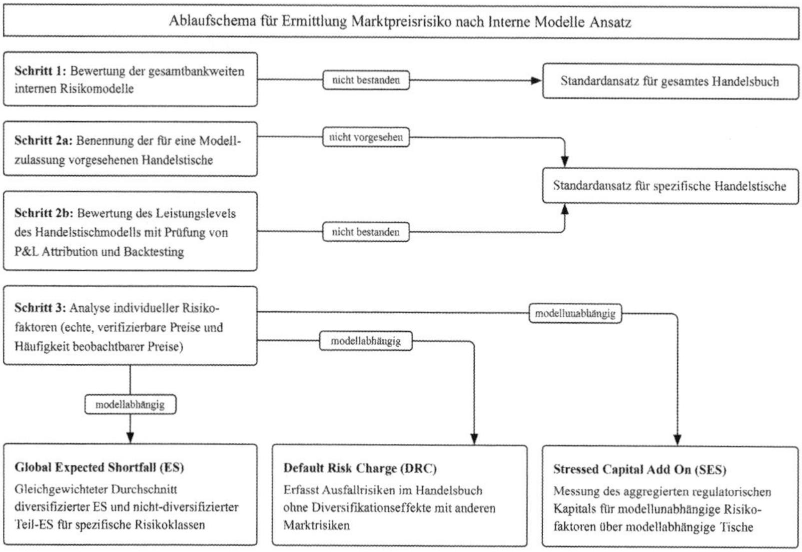

Abb. 3.12 Ablaufschema für die Ermittlung des Marktpreisrisikos nach dem Interne Modelle Ansatz. (Schema angelehnt an BCBS 352 (2016), S. 2.)

Der neue sensitivitätsbasierte Standardansatz verwendet Varianz-Kovarianz-Ansätze, Faktorsensitivitäten auf Grundlage der Delta-, Vega- und Curvature-Risiken[20] sowie Korrelationen zur Modellierung von Marktpreisrisiken.

Für Banken mit kleinen oder nicht komplexen Handelsportfolios wird ein vereinfachter Standardansatz auf Grundlage des Standardansatzes unter ‚Basel 2.5' eingeführt.

Bei **internen Modellen** erfolgt die Quantifizierung des Marktpreisrisikos nicht mehr über den Value-at-Risk und den Stressed Value-at-Risk, sondern über den Expected Shortfall. Die Genehmigung der Verwendung eines internen Modells durch die jeweilige Aufsichtsbehörde ist von der Einhaltung genau definierter qualitativer und quantitativer Kriterien abhängig und kann auch auf einzelne Handelstische beschränkt werden.

Ein Ablaufschema zur Ermittlung des Marktpreisrisikos nach dem „Interne Modelle Ansatz" visualisiert die nachfolgende Abb. 3.12.

[20] **Curvature-Risiko** = quantifizierte Sensitivität im Hinblick auf Schwankungen innerhalb des Delta-Risikos bei Betrachtung eines spezifischen Risikofaktors.

Da der Standardansatz der Floor-Ermittlung dient, ist er von Instituten, die interne Modelle verwenden, zusätzlich zu ermitteln. Die Berechnung der Floors muss auf monatlicher Basis erfolgen, was zu einer deutlich höheren Quantität an zu reportierenden Informationen führt. Insgesamt werden die internen und externen Anforderungen an die Messung und Meldung der Marktrisiken sowohl beim neuen Standardansatz als auch beim „Interne Modelle Ansatz" deutlich verschärft. Für den IRBA wurden die Vorgaben für die durchzuführenden PLA-Tests sowie die Behandlung von „Nicht modellierbaren Risikofaktoren" (NMRFs) angepasst. Zudem erfolgte eine Rekalibrierung des Basel II Standardansatzes für Banken mit weniger erheblichen Marktpreisrisikopositionen.

Die Implementierung des überarbeiteten Standards und der damit verbundenen Offenlegungsanforderungen in Säule 3 sollte ursprünglich analog zu den Regelungen im Standard zur Finalisierung von Basel III (BCBS 424) zum 01.01.2022 erfolgen. Auf Grundlage des Beschlusses des Basler Ausschusses vom 27.03.2020 wird das Inkrafttreten auf den 01.01.2023 verschoben.

Die veränderten Ansätze zur Ermittlung der Marktpreisrisiken nach den zuvor dargestellten Regelungen zum FRTB sind in Abb. 3.13 zusammengefasst dargestellt.

3.2.6 Regelungen zu Zinsänderungsrisiken im Bankbuch

Der Basler Ausschuss hat die Regelungen zur Behandlung der Zinsänderungsrisiken im Bankbuch/Anlagebuch überarbeitet und den finalen Standard „Interest rate risk in the banking book" (BCBS 368) am 21.04.2016 veröffentlicht. In diesem Zusammenhang sollen unter Zinsänderungsrisiken im Allgemeinen Abweichungen hinsichtlich erwarteter und tatsächlich realisierter Zinsmargen verstanden werden. Obgleich die Zinsänderungsrisiken bereits als Bestandteil der unter Abschn. 3.2.5 diskutierten Marktpreisrisiken aufgeführt wurden, stellen Zinsänderungsrisiken für Kreditinstitute unter Berücksichtigung ihrer branchenspezifischen Wertschöpfungskette im Hinblick auf die Bruttozinsspanne einen herausgehobenen Faktor für ihre Ertrags- und Finanzlage dar, weswegen sie gesondert zu betrachten sind und einem umfassenden Risikomanagementprozess unterworfen werden. Gleichwohl sind die Zinsänderungsrisiken im Bankbuch auch in Zukunft nicht unmittelbar mit Eigenkapital zu unterlegen. Die Umsetzung auf Basis der im Standard enthaltenen 12 Grundsätze musste bis 01.01.2018 erfolgen. Die nachfolgenden Tabellen (Tab. 3.7 sowie Tab. 3.8) visualisieren die im unmittelbaren

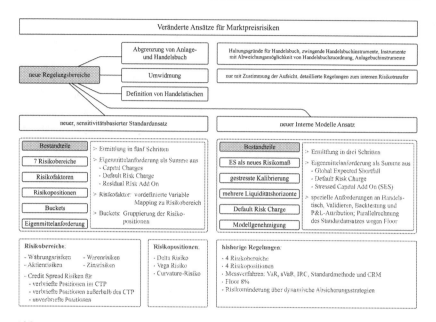

Abb. 3.13 Angepasste Regelungen zur Behandlung der Marktpreisrisiken

Zusammenhang mit den Zinsänderungsrisiken stehenden, im Standard enthaltenen 12 Grundsätze, unterteilt nach Vorgaben für Banken sowie die zuständige Aufsicht.

Die Grundsätze 1 bis 7 beschreiben die allgemeinen Anforderungen an das Management von Zinsänderungsrisiken[21], die Grundsätze 8 und 9 die Erwartungen an die Offenlegung und den internen Prozess der Prüfung der Angemessenheit der Kapitalausstattung und die Grundsätze 10 bis 12 beziehen sich auf den aufsichtlichen Überwachungsprozess des Zinsrisikomanagements und der Angemessenheit der Kapitalausstattung.

Ziel der Überarbeitung war die Sicherstellung einer ausreichenden Kapitalausstattung zur Kompensation von Verlustrisiken im Bankbuch aufgrund von Zinsänderungen. Hierbei ist neben dem allgemeinen Zinsänderungsrisiko auch das Risiko aus **Credit Spreads** zu berücksichtigen. Des Weiteren sollen – analog zur

---

[21]Hierzu gehören die Erwartungen an den Zinsrisikomanagementprozess der Banken, insbesondere die Effizienz bei Identifikation, Messung, Überwachungs- und Kontrollaktivitäten der Zinsänderungsrisiken, vgl. BCBS 368 (2016), S. 1.

Überarbeitung der Regelungen zum Handelsbuch – zuordnungspolitische Gestaltungen zwischen Handels- und Bankbuch so weit wie möglich eingeschränkt werden.

Neben den Grundsätzen wurde ein offenlegungspflichtiges sechsstufiges Standardverfahren zur Messung des Zinsänderungsrisikos eingeführt. Dabei müssen

Tab. 3.7 High-Level Principles für Banken

High-Level Principles für Banken	
1. Behandlung des IRRBB	Das Zinsänderungsrisiko im Bankbuch (IRRBB) ist ein wichtiges Risiko für alle Banken, das gezielt identifiziert, gemessen, überwacht und gesteuert werden muss. Darüber hinaus sollten die Banken das Credit Spread Risiko im Bankbuch (CSRBB) überwachen und bewerten
2. Verantwortlichkeit	Das Aufsichtsorgan einer jeden Bank ist für die Überwachung des IRRBB-Managementrahmens und des Risikoappetits der Bank für das IRRBB verantwortlich. Die Überwachung und Steuerung des IRRBB kann vom Aufsichtsorgan an die Geschäftsleitung, an fachkundige Personen oder an ein Asset-and-Liability-Management-Komitee übertragen werden. Die Banken müssen über ein angemessenes Rahmenwerk für das IRRBB-Management verfügen, das regelmäßige unabhängige Prüfungen und Bewertungen der Wirksamkeit des Systems beinhaltet
3. Bestimmung des Risikoappetits	Der Risikoappetit der Banken für das IRRBB sollte in Bezug auf das Risiko sowohl für den ökonomischen Wert als auch für die Erträge formuliert werden. Die Banken müssen Richtlinienlimite implementieren, die darauf abzielen, IRRBB-Positionen im Einklang mit ihrem Risikoappetit zu halten
4. Basis für die Messung des IRRBB	Die Messung des IRRBB sollte gleichermaßen auf den Ergebnissen wertorientierter sowie ertragsbasierter Messgrößen fundieren, die sich aus einer breiten und angemessenen Auswahl an Zinsschock- und Stressszenarien ergeben
5. Bewertungsannahmen	Bei der Messung des IRRBB sollten die wichtigsten Verhaltens- und Modellierungsannahmen vollständig verstanden, konzeptionell fundiert und dokumentiert sein. Solche Annahmen sollten sorgfältig getestet und mit den Geschäftsstrategien der Bank abgeglichen werden

(Fortsetzung)

Tab. 3.7   (Fortsetzung)

High-Level Principles für Banken	
6. Messung des IRRBB	Messsysteme und Modelle, die für das IRRBB verwendet werden, sollten auf präzisen Daten beruhen und einer angemessenen Dokumentation, Prüfung und Kontrolle unterliegen, um die Genauigkeit der Berechnungen zu gewährleisten. Die zur Messung des IRRBB verwendeten Modelle sollten umfassend sein und durch Governance-Prozesse für das Modellrisikomanagement abgedeckt werden, einschließlich einer Validierungsfunktion, die unabhängig vom Entwicklungsprozess ist
7. Internes Reporting	Die Bewertungsergebnisse des IRRBB und der Absicherungsstrategien sollten dem Aufsichtsorgan regelmäßig auf den relevanten Aggregationsebenen (nach Konsolidierungsebene und Währung) berichtet werden
8. Externes Reporting und Offenlegung	Informationen über die Höhe des IRRBB-Risikos und die Verfahren zur Messung und Steuerung des IRRBB müssen der Öffentlichkeit regelmäßig reportiert werden
9. Internes Kapital	Die Angemessenheit der Kapitalausstattung für das IRRBB ist ausdrücklich im Rahmen des vom Aufsichtsorgan genehmigten Internal Capital Adequacy Assessment Process (ICAAP) zu berücksichtigen, und zwar in Übereinstimmung mit dem Risikoappetit der Bank für das IRRBB

die risikosensitiven Anlagebuchpositionen ermittelt und zu drei verschiedenen Kategorien zugeordnet werden.

Darauf aufbauend ist die Veränderung des Economic Value of Equity für sechs vorgeschriebene Zinsschockszenarien zu ermitteln. Davon wird das schlechteste Ergebnis für den Standardansatz als Grundlage für die Beurteilung des Zinsänderungsrisikos verwendet. Bei diesem Verfahren sind künftig auch negative Zinsen zu berücksichtigen.

Die folgende Abb. 3.14 zeigt das Standardverfahren zur Messung des Zinsänderungsrisikos und gibt einen Überblick über die weiteren wesentlichen Änderungen bei den Regelungen zum IRRBB.

Tab. 3.8 High-Level Principles für die Aufsicht

High-Level Principles für die Aufsicht	
10. Überwachungsprozess	Die Aufsichtsbehörden sollten regelmäßig ausreichende Informationen von den Banken erheben, um Trends bei den IRRBB-Positionen der Banken zu überwachen, die Robustheit des IRRBB-Managements der Banken zu beurteilen und Ausreißer-Banken zu identifizieren, die einer Überprüfung unterzogen werden sollten und/oder von denen erwartet werden sollte, dass sie zusätzliches regulatorisches Kapital vorhalten
11. Ressourcen	Die Aufsichtsbehörden sollten das IRRBB der Banken und die Wirksamkeit der von den Banken verwendeten Ansätze zur Identifizierung, Messung, Überwachung und Steuerung des IRRBB regelmäßig bewerten. Die Aufsichtsbehörden sollten spezialisierte Ressourcen einsetzen, die sie bei solchen Bewertungen unterstützen. Die Aufsichtsbehörden sollten mit den zuständigen Aufsichtsbehörden in anderen Jurisdiktionen zusammenarbeiten und Informationen über die Beaufsichtigung der IRRBB-Positionen der Banken austauschen
12. Internes Kapital	Die Aufsichtsbehörden müssen ihre Kriterien zur Identifizierung von Ausreißer-Banken veröffentlichen. Banken, die als Ausreißer identifiziert werden, sind als potenziell mit unangemessenem IRRBB behaftet zu betrachten. Wenn eine Überprüfung des IRRBB-Engagements einer Bank ein unzureichendes Management oder ein übermäßiges Risiko im Verhältnis zum Kapital, zu den Erträgen oder zum allgemeinen Risikoprofil erkennen lässt, müssen die Aufsichtsbehörden Maßnahmen zur Risikominderung und/oder zusätzliches Kapital verlangen

3.2.7 Operationelles Risiko

Auf den Basler Ausschuss geht eine bis heute viel zitierte Definition für operationelle Risiken zurück, unter welchen „die Gefahr von Verlusten, die in Folge der Unangemessenheit oder des Versagens von internen Verfahren, Menschen und Systemen oder von externen Ereignissen eintreten"[22], zu subsumieren ist. Die diesbezüglich derzeit gültigen finalen Regelungen wurden vom Basler Ausschuss mit dem Standard zur Finalisierung von Basel III (BCBS 424) am 07.12.2017

---

[22]Schierenbeck, H. et. al. (2014), S. 563.

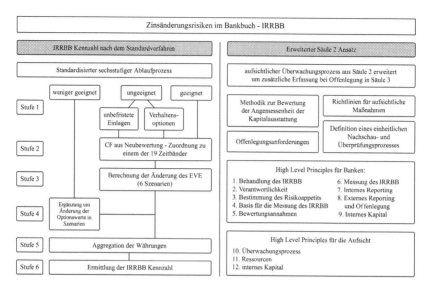

Abb. 3.14 Veränderte Regelungen zum Zinsänderungsrisiko im Bankbuch. (Eigene Darstellung, in Anlehnung an Seiwald, C., Hämmerle, J. (2018), S. 6.)

veröffentlicht. Mit dem darin enthaltenen Standardansatz wurde intendiert, die Vergleichbarkeit zwischen verschiedenen Instituten sicherzustellen. Zudem sind interne Verluste als maßgebliche Indikatoren bei der Ermittlung der operationellen Risiken mit einzubeziehen. Im Ergebnis dieses Standards wurden die bereits unter Basel III gültigen Quantifizierungsansätze *Basic Indicator Approach* (BIA) und *Standardised Approach* (SA) zum risikosensitiven *Standardised Measurement Approach* (SMA) zusammengeführt sowie der *Advanced Measurement Approach* (AMA) zur Berechnung des operationellen Risikos abgeschafft.

Als Basis des neu geschaffenen Ansatzes dient ein Geschäftsindikator (Business Indicator, BI), der sich aus den folgenden drei Komponenten zusammensetzt:

- Zins-, Leasing- und Dividendenkomponente (Interest, Leasing and Dividend Component),
- Servicekomponente (Service Component) sowie
- Finanzkomponente (Financial Component) auf Basis des absoluten Durchschnittswertes der Nettogewinne/-verluste im Handelsbuch der letzten drei Jahre.

Neben dem Business Indicator (BI), der auf Basis der Gewinn- und Verlust-
rechnung berechnet wird, fließen bei der Ermittlung des operationellen Risikos
zusätzlich die Einordnung in drei größenabhängige Buckets sowie bankspezifische
interne Verlustdaten mit ein.

Die Zuordnung von Kreditinstituten zu den Buckets erfolgt über die sogenannte BI Range, welche Schwellenwerte der Buckets in Bezug auf Geschäftsvo-
lumina zeigt. Zur Berechnung der BI Komponente wird pro Bucket ein definierter
Koeffizient zugeteilt. Die Berechnung erfolgt ausschließlich im jeweiligen Bucket
des Kreditinstitutes unter Berücksichtigung des darin vorgesehenen Multiplikators
für interne Verluste.

Zur Erhöhung der Risikosensitivität sind eingetretene interne Verluste über
einen Multiplikator interner Verluste (Internal Loss Multiplier, ILM), welcher eine
Verlustkomponente und eine BI Komponente enthält, zusätzlich zu berücksichtigen. Dabei erfordert diese vorgesehene Kombination aus Business Indikator und
Verlustkomponente komplexere Berechnungen zur Ermittlung der Kapitalanforderung für die operationellen Risiken.

Die Ermittlung der Kapitalanforderung für operationelle Risiken erfolgt über
die im Folgenden beschriebenen zwei Komponenten:

- Business Indicator Component (BIC) zur Berücksichtigung der Erträge einer
  Bank sowie
- Internal Loss Multiplier (ILM) als Multiplikator für interne Verluste und Ver-
  lustkomponente. (Berücksichtigung der historischen Verlusterfahrungen der
  letzten 10 Jahre in Bucket 2 + 3; zuzüglich ggf. nationaler Wahlrechte für
  Bucket 1).

Die Ermittlung des Operational Risk Capital (ORC) erfolgt nach der folgenden
Formel 3.3:

$$ORC = BIC \times ILM$$

Formel 3.3:
Ermittlung des
Operational Risk
Capital

Die Business Indicator Component (BIC) berücksichtigt die Ertragsbestand-
teile Zins und Leasing, aber auch Dividenden sowie eine Service- und eine
Finanz-Komponente. Die Berechnung erfolgt als 3-Jahres-Durchschnitt der einzelnen Ertragskomponenten mit Absolutbeträgen von Differenzen oder dem

Größeren von Aufwand und Ertrag. Des Weiteren ist der BI mit dem jeweiligen definierten α-Faktor, einem von der Größe des BI abhängigen Koeffizienten, zu multiplizieren. Die entsprechende Aufteilung über die drei Buckets visualisiert die folgende Tab. 3.9.
Die Ermittlung der BIC erfolgt nach der folgenden Formel 3.4:

$$BIC = \Sigma(\alpha_i\, BI_i)$$

Formel 3.4:
Ermittlung des
BIC

Der **Internal Loss Multiplier** (Multiplikator für interne Verluste, ILM) ist eine Funktion aus der Verlustkomponente (LC) und der Business Indicator Component (BIC). Dabei ist die LC das 15-fache der durchschnittlichen historischen Verluste der vergangenen 10 Jahre. Zudem besteht ein nationales Wahlrecht, den ILM gleich einer der nationalen Banken für alle Banken festzusetzen. Bei einem BI bis 1 Mrd. EUR wird die ILM gleich eins gesetzt und muss nicht ermittelt werden. In allen anderen Fällen ist sie nach einer vorgegebenen Formel zu ermitteln.

Die Berechnung der Kapitalanforderung erfolgt bei Bucket 1 durch Multiplikation des BI mit dem vorgegebenen Koeffizienten α. Bei den beiden anderen Buckets ist zusätzlich noch eine Multiplikation mit dem ILM durchzuführen.

Zu beachten ist, dass aufgrund der Durchschnittsberechnung zusätzliche Verluste bei Instituten mit nur geringen überwiegend intern verursachten Leistungsstörungen in der Vergangenheit zu größeren Ausschlägen führen (höhere Sensitivität je kleiner die ILM Quote). Vice versa haben einzelne Schadensfälle aufgrund der Durchschnittsbildung i. d. R. nur begrenzte Auswirkungen.

Gegenüber den bisherigen Regelungen sind v. a. für Buckets 2 und 3 komplexere Berechnungen sowie umfangreichere Datenerhebungen und Analysen erforderlich. Zudem sind künftig auch die internen Verlustdaten offenzulegen.

Abb. 3.15 gibt einen Überblick zu den wesentlichen Veränderungen.

Tab. 3.9 Buckets zur Ermittlung der BI Komponente	BI bucket	BI range	Marginal BI coefficients α
	1	≤ 1 Mrd. EUR	0,12
	2	1 Mrd. € < BI ≤ 30 Mrd. EUR	0,15
	3	> 30 Mrd. EUR	0,18

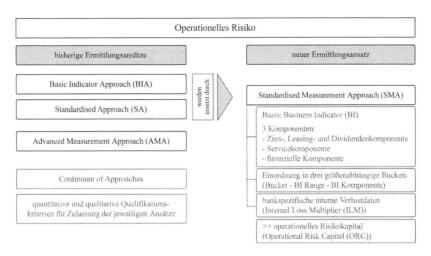

Abb. 3.15   Wesentliche Veränderungen für operationelles Risiko

3.2.8   Floor Regelung als Begrenzung des IRBA

Das am 07.12.2017 veröffentlichte Dokument zur Finalisierung des Basel III Regelwerks (BCBS 424) enthält gleichermaßen die finalen Regelungen zur Verwendung interner Modelle. Hierunter fallen neu eingeführte Vorgaben zu sogenannten **Capital Floors** als bedeutsame zusätzliche Komponente des Kapitalrahmenwerks. Mithilfe der Capital Floors soll sichergestellt werden, dass die Kapitalunterlegung im Bankensektor nicht unter ein definiertes Mindestmaß fällt. Weitere Ziele waren und sind die Reduzierung von Modellrisiken und Messfehlern interner Modelle sowie die Vergleichbarkeit der ermittelten RWA und Vermeidung der Variabilität der RWA durch eine Begrenzung von Gestaltungsspielräumen und konsistente Modellierung.

Die neuen Capital Floors bilden demgemäß eine Kapitaluntergrenze für interne Modelle unter Berücksichtigung interner und/oder externer Ratings und basieren auf den überarbeiteten Standardansätzen zur Messung kapitalunterlegungspflichtiger Risiken. Die Neuregelung der Capital Floors löst die bis 2017 vorgesehene Übergangsregelung des Basel-I-Floors als bisherige Untergrenze für Mindestkapitalanforderung ab.

Die Floor-Regelungen haben einen erheblichen Einfluss auf die Möglichkeiten des Einsatzes interner Modelle. In der Folge ist zu erwarten, dass es tendenziell zu einer Erhöhung der Eigenkapitalanforderungen für Kredite an Unternehmen kommt. Dies steht im Einklang mit der geringeren Granularität und dem damit verbundenen höheren Klumpenrisiko bei Portfolios aus größeren Forderungen. Folgende finale Floor-Regelungen sind anzuwenden:

- der Standardansatz ist obligatorisch zusätzlich zum IRBA zu ermitteln und gemäß Säule 3 offenzulegen sowie
- die Gesamtkapitalunterlegung wird über den Capital Floor an den Standardansatz gekoppelt, was zu einer stufenweisen Begrenzung der Ersparnis/Vorteile aus der Verwendung interner Modelle auf **max. 27,5 %** ab 2028 führt. Der Floor dient als Untergrenze bezogen auf sämtliche nach dem Standardansatz ermittelte RWA und stellt damit einen risikobasierten Backstop dar, der das Ausmaß, in welchem die Kapitalanforderungen im Vergleich zu Standardsätzen gesenkt werden können, limitiert. Das heißt: RWA (IRBA + SA) ≥ **min. 72,5 %** RWA (SA).

Künftig dienen die folgenden Standardansätze als Basis bei der Ermittlung des aggregierten Capital Floors für die einzelnen Risikoklassen wie in folgender Tabelle 3.10 dargestellt:

Für Risiken aus Zinsänderungen sind explizit keine Verfahren zur Ermittlung einer Kapitalunterlegung definiert, weswegen für diese Risikoklasse kein Capital Floor zu ermitteln ist. Der Basler Ausschuss betrachtet Capital Floors neben der nachfolgend diskutierten Leverage Ratio als eine Lösung für eine Auswahl spezifischer Themen- und Problemfelder hinsichtlich der RWA-Ermittlung und dem zu erwartenden Ausfallrisiko. Demgemäß fungieren Capital Floors und Leverage Ratio als komplementäre Komponenten. Sie wird vom Basler Ausschuss auch als Ergänzung zur Leverage Ratio gesehen, was in nachfolgender Tab. 3.11 verdeutlicht wird.

Tab. 3.10 Standardansätze zur Floor-Ermittlung

Risikoklasse	Standardansatz zur Anwendung bei Floor-Ermittlung
Kreditrisiko	KSA
Verbriefungen	(SEC-ERBA), SEC-SA oder 1.250,0 %
Kontrahentenrisiko	SA-CCR
CVA-Risiko	SA-CVA oder BA-CVA oder 100,0 % CCR
Marktpreisrisiko	FRTB-SA
Operationelles Risiko	SA für OpRisk

Tab. 3.11 Themenfelder von Leverage Ratio und Capital Floors

Themen-/Problemfeld	Durch risikogewichteten Capital Floor gelöst	Durch Leverage Ratio gelöst
• Verwendung niedriger RWAs zur Steigerung des financial leverage	Nein	Ja
• Unerwartet hohe Verluste in Portfolios mit niedrigen RWAs	Nein	Ja
• Fehlendes Marktvertrauen zu RWAs	Nein	Ja
• RWA Inkonsistenz und Streuung	Ja	Nein
• Niedriges Level modell-basierter RWAs	Ja	Nein
• Horizontale Ungerechtigkeit bei risikogewichtetem Kapital	Ja	Nein

(Vgl. BCBS 306 (2014), S. 4 f.)

3.3 Höchstverschuldung/Leverage Ratio

Der Basler Ausschuss überarbeitete auch die ursprünglichen Regelungen der im Zuge von Basel III eingeführten **Leverage Ratio**. Hierbei handelt es sich um eine risikounabhängige Höchstverschuldungsquote, zu deren Ermittlung das Kernkapital ins Verhältnis zur nicht risikogewichteten Aktiva sowie den außerbilanziellen Geschäften gesetzt wird. Damit ergänzt sie die risikobasierten Eigenkapitalanforderungen und trägt zur Sicherstellung einer Mindestausstattung an Eigenkapital bei, woraus sich der komplementäre Charakter zu den bereits diskutierten Kapitalunterlegungsvorschriften ergibt. Die vom Basler Ausschuss für Bankenaufsicht erarbeiteten einheitlichen Standards für die Berechnungsgrundlagen sollen eine weltweite Vergleichbarkeit der Leverage Ratio gewährleisten. Die Leverage Ratio wird mit einem übermäßigen Aufbau an außerbilanziellen Risikopositionen und Modellrisiken begründet.

Im Rahmen des BCBS 424 wurde ein verbindlich einzuhaltender Mindestwert der Leverage Ratio von 3,0 % eingeführt, wodurch die Aktiva und außerbilanziellen Geschäfte auf das 33-fache des Kernkapitals begrenzt werden.

Die Leverage Ratio stellt demgemäß eine „vertikale Regel" dar und ergibt sich aus folgender in Formel 3.5 dargestellten Bildungsvorschrift:

$$\text{Leverage Ratio} = \frac{\text{Kapitalmessgröße}}{\text{Engagementmessgröße}} > 3{,}0\ \%$$

Formel 3.5: Leverage Ratio

Während die **Kapitalmessgröße** dem Kernkapital (Tier 1 Capital) entspricht, wird die **Engagementmessgröße** auf Basis der folgenden vier Hauptkategorien bilanzieller und außerbilanzieller Positionen ermittelt:

- bilanzwirksame Engagements (On-Balance sheet exposures),
- derivative Engagements (Derivative exposure),
- Wertpapierfinanzierungsgeschäfte (Securities financing transaction exposure) sowie
- außerbilanzielle Positionen (Off-Balance sheet items).

Demzufolge weist eine Bank mit einem hohen Verschuldungsgrad eine niedrige Leverage Ratio auf. Demgemäß dient der Quotient der Begrenzung des Kreditinstituts-individuellen Verschuldungsgrads. Die Leverage Ratio soll in ihrer Wirkung einem übermäßigen Aufbau an außerbilanziellen Risikopositionen und Modellrisiken begegnen. Sie stellt eine „vertikale Regel" dar, die eine auf sämtliche Anlagen bezogene Mindest-Eigenkapitalquote verlangt, welche unabhängig vom jeweiligen in den Positionen der Aktiva und Passiva enthaltenen Risiko und eventuellen Absicherungen über Derivatepositionen ist.

Für G-SIBs wird des Weiteren – je nach Systemrelevanz – ein additionaler Leverage Puffer zusätzlich zur Mindestanforderung neu eingeführt. Dieser beträgt 50,0 % des berechneten risikobasierten Kapitalpuffers (G-SIB Puffer) und ist ab 2023 in Form von Kernkapital vorzuhalten.

Ferner kann die nationale Aufsicht vorgeben, dass Zentralbankguthaben im Falle außergewöhnlicher makroökonomischer Umstände für bestimmte Zeiträume zur Sicherung der Funktionsfähigkeit der Geldpolitik nicht in die Engagementmessgröße eingerechnet werden. Gleichzeitig können die allgemeinen Leverage Ratio-Anforderungen erhöht werden. Sofern die Leverage Ratio Mindestanforderung nicht erreicht werden sollte, können Ausschüttungsbeschränkungen angeordnet werden.

Wesentliche Veränderungen zum Basel III-Regelwerk betreffen die folgenden Bereiche:

- **Wertpapierfinanzierungsgeschäfte**
  Bilanzielle Forderungen dürfen unter bestimmten Voraussetzungen mit bilanziellen Verbindlichkeiten verrechnet werden und sind **zusätzlich** zum „regulatorischen" Betrag zu berücksichtigen.
- **Gewichtung der außerbilanziellen Positionen**
  Für außerbilanzielle Positionen werden die Gewichtungsfaktoren des Kreditrisikostandardansatzes verwendet.
- **Konsolidierungskreis**
  Hier ist grundsätzlich der aufsichtsrechtliche Konsolidierungskreis maßgeblich.
- **Frequenz und Art der Kalkulation**
  Es ist eine quartalsweise Meldung der Quartalsendwerte vorgesehen.
- **Offenlegung**
  Die Basis hierfür bilden Offenlegungstabellen mit einer Überleitungstabelle, welche Effekte aus veränderten Konsolidierungskreisen, nicht berücksichtigtem Treuhandvermögen und sonstige Effekte dokumentieren. Hierzu ist der Ausweis zusätzlicher Positionen erforderlich.

Die Wirkung der Leverage Ratio ist abhängig von der jeweiligen Bilanzstruktur und dem Geschäftsmodell des betrachteten Kreditinstituts. Da die Regelungen zur Ermittlung der Engagementmessgröße für die Leverage Ratio teilweise von denen zur Ermittlung der Kapitalanforderungen abweichen, kann es bei einzelnen Instituten zu einer höheren Kapitalanforderung durch die Leverage Ratio kommen. In diesem Fall wird die Leverage Ratio zur bindenden Kapitalanforderung und kann zu einer Kapitallücke führen. Sie hat demgemäß für das jeweilige Institut eine gegenüber den risikoabhängigen Kapitalanforderungen dominierende Bedeutung.[23] Kritisch anzumerken ist, dass die Leverage Ratio tendenziell dazu führen kann, dass das risiko- und damit margenarme Geschäft in riskantere Engagements überführt wird.

3.4 Liquiditätsanforderungen

Die Grundsätze zur Messung und Steuerung der kurzfristigen Liquiditätsquote (Liquidity Coverage Ratio, LCR) und strukturellen Liquiditätsquote (Net Stable

---

[23]Vgl. Hartmann-Wendels, T. (2016), S. 73.

Funding Ratio, NSFR) wurden in den Dokumenten „Principles for sound liquidity risk management and supervision" (BCBS 144) vom September 2008, „Basel
III: The Liquidity Coverage Ratio and liquidity risk monitoring tools" (BCBS
238) vom Januar 2013 und „Basel III: the net stable funding ratio" (BCBS 295)
vom Oktober 2014 festgelegt. Durch die Einführung der bankaufsichtsrechtli-
chen Mindestliquiditätsvorschriften soll eine jederzeitige Zahlungsbereitschaft der
Kreditinstitute gewährleistet werden.

3.4.1 Liquidity Coverage Ratio/Mindestliquiditätsquote

Die Liquidity Coverage Ratio ist eine kurzfristige Liquiditätskennziffer und
steht für eine einheitlich festgelegte Mindestliquiditätsquote bei einem 30-tägigen
Liquiditätsstressszenario. Die Berechnung erfolgt nach der folgenden Formel 3.6:

$$\text{LCR} = \frac{\text{Erstklassige liquide Aktiva}}{\text{Gesamter Nettoabfluss von Barmitteln in den nächsten 30 Kalendertagen}} > 100{,}0\ \%$$

Formel 3.6: Liquidity Coverage Ratio

Die Positionen erstklassiger liquider Aktiva – auch High Quality Liquid Assets
(HQLA) genannt – werden in zwei Stufen eingeteilt. Die ohne Begrenzung ansetz-
bare HQLA der Stufe 1 beinhaltet Barmittel, Zentralbankguthaben sowie von
Staaten oder Zentralbanken garantierte marktgängige Wertpapiere. Die Stufe 2
darf maximal 40,0 % des HQLA Bestandes umfassen und wird wiederum in
Stufe 2 A und 2B unterteilt. Stufe 2 A entspricht den bisherigen Level 2 Vermögenswerten und enthält Staatspapiere, gedeckte Schuldverschreibungen sowie
Unternehmensschuldtitel. Unter Stufe 2B werden qualifizierte Unternehmensan-
leihen mit Rating bis BBB- (Ansatz mit maximal 50,0 %), mit Wohnimmobilien
unterlegte Wertpapiere (Residential Mortgage Backed Securities) mit Rating bis
AA (Ansatz mit maximal 75,0 %), und zentralbankfähigen Stammaktien (Ansatz
mit maximal 50,0 %) subsumiert. Sie dürfen einen Anteil von 15,0 % des HQLA
Bestandes nicht überschreiten. Bei den Vermögenswerten der Stufe 2B besteht ein
nationales Wahlrecht bezüglich der teilweisen Anerkennung dieser Positionen im
Rahmen der Ermittlung der hochliquiden Aktiva.

Des Weiteren können nach Ermessen der nationalen Aufsicht auch Teile der
Mindestreserve im Rahmen der neu definierten Zentralbankguthaben als hoch-
liquide Aktiva anerkannt sowie der Abflussfaktor für die der Einlagensicherung
unterliegenden Retail-Einlagen von 5,0 % auf 3,0 % gesenkt werden.

Die bei der Berechnung der Nettomittelabflüsse für die jeweiligen Positionen einheitlich zu berücksichtigenden Vorgaben sind ebenfalls detailliert geregelt. Die Regelungen sehen vor, dass der Bestand an hochliquiden Aktiva in Zeiten finanzieller Anspannung auch kurzzeitig unter die verlangte Quote von 100 % fallen darf. Dies ist dann von den nationalen Aufsichtsbehörden zu prüfen und zu beurteilen. Die nationale Aufsicht ist zudem befugt, den Turnus der mindestens monatlich zu erstellenden Meldungen in Stresssituationen auf eine wöchentliche, oder sogar tägliche Meldung zu verkürzen.

Im Zuge der Offenlegung der quantitativen Informationen zur Mindestliquiditätsquote (LCR) muss ein einheitliches Schema verwendet werden. Die Daten sind als Durchschnitt der Tageswerte des Vorquartals anzugeben. Des Weiteren sind die meisten Positionen in Form von gewichteten und ungewichteten Werten der LCR-Komponenten zu melden.

Die Angaben in dem einheitlichen Meldebogen sind durch entsprechende qualitative Erläuterungen zur LCR zu ergänzen. Dazu gehören beispielsweise folgende Bereiche:

- Hauptfaktoren der LCR-Ergebnisse und Entwicklung des Beitrags der in die LCR-Berechnung eingehenden Parameter,
- Veränderungen innerhalb des Berichtszeitraumes und im Zeitverlauf,
- Zusammensetzung der HQLA,
- Finanzierungskonzentrationen sowie
- Währungsinkongruenzen in der LCR.

Diese erweiterten Meldevorschriften führen zu einem Anpassungsbedarf bei der Organisation des Meldewesens, der mit einem administrativen Mehraufwand auf Seiten der Kreditinstitute einhergeht. Dieser wird sich vermutlich bei kleineren Instituten stärker bemerkbar machen als bei großen Banken.

3.4.2 Net Stable Funding Ratio/strukturelle Liquiditätsquote

Die Net Stable Funding Ratio stellt eine langfristige strukturelle Liquiditätsquote für einen Zeitraum von einem Jahr zum Ausgleich von Liquiditätsinkongruenzen dar. Sie gibt an, inwieweit eine Fristenkongruenz und ausgewogene Fristenstruktur zwischen den Positionen der Aktiva und Passiva eingehalten wurde und steht für eine stabile Finanzierungskennziffer. Die Berechnung erfolgt nach der folgenden Formel 3.7:

$$\text{NSFR} = \frac{\text{Verfügbarer Betrag stabiler Refinanzierung}}{\text{Erforderlicher Betrag stabiler Refinanzierung}} > 100{,}0\ \%$$

Formel 3.7: Net Stable Funding Ratio

Als stabile Refinanzierung wird hierbei derjenige Bestand an Eigen- und Fremdmitteln verstanden, der erwartungsgemäß über einen Zeitraum von einem Jahr unter anhaltenden Stressbedingungen weiter zur Verfügung steht. Die Ermittlung der verfügbaren stabilen Refinanzierung erfolgt in drei Schritten:

• Zuordnung aller Passivpositionen zu einer der fünf vorgegebenen ASF-Kategorien (Eigenmittel, stabile, weniger stabile und andere Einlagen und Verbindlichkeiten sowie sonstige Passiva),
• Ermittlung des Buchwertes der Positionen sowie
• Multiplikation mit dem für die jeweilige ASF-Kategorie vorgesehenen Faktor.

Analog erfolgt die Ermittlung der erforderlichen stabilen Refinanzierung in drei Schritten:

• Zuordnung einzelner Positionen der Aktiva und außerbilanzieller Risikopositionen je nach Laufzeit und Liquidität zu drei Laufzeitbändern (weniger als 6 Monate, zwischen 6 und 12 Monaten sowie mehr als 12 Monate),
• Ermittlung des Buchwertes der Positionen sowie
• Multiplikation mit dem für die jeweilige RSF-Kategorie vorgesehenen Faktor.

Die Regelungen führen in Abhängigkeit des Geschäftsmodells und der Bilanzstruktur des jeweiligen Kreditinstitutes zu Verschärfungen oder Erleichterungen bei den Liquiditätsanforderungen. Wesentliche Änderungen ergeben sich in folgenden Bereichen:

• im Zuge der Ermittlung der verfügbaren stabilen Refinanzierung (ASF) bleiben innerhalb eines Jahres abfließende zukünftige Cashflows aus dem Positionswert unberücksichtigt,
• bei der Ermittlung der erforderlichen stabilen Refinanzierung (RSF) wird die Anrechnung von Forderungen gegenüber Nicht-Finanzkunden bei der Ermittlung der RSF deutlich reduziert, was zu Erleichterungen bei typischen Geschäftsbanken führen dürfte sowie
• zusätzliche Belastungen von Positionen der Aktiva mit einer Restlaufzeit von weniger als einem Jahr führen zu einer deutlichen Erhöhung der Refinanzierungsanforderungen.

3.4.3 Steuerung und Überwachung des Liquiditätsrisikos

Die beiden beschriebenen Mindestanforderungen werden durch die folgenden vier weiteren Instrumente/Messverfahren zur Überwachung und Steuerung des Liquiditätsrisikos (Monitoring Tools zur Steuerung und aufsichtsrechtlichen Überwachung des Liquiditätsrisikos) ergänzt:

- **Vertragliche Laufzeitinkongruenz (Contractual Maturity Mismatch)**
  Diese Regelung stellt durch Gegenüberstellung von vertraglich geregelten Liquiditätszu- und -abflüssen aus allen bilanziellen und außerbilanziellen Geschäften mit Restlaufzeiten in vorgegebenen Laufzeitenbändern auf die Identifikation von Liquiditätslücken und des Ausmaßes der betriebenen Fristentransformation ab. Als Instrumente hierzu sind die Liquiditätsablaufbilanz und Gap-Analysen zu nennen.
- **Finanzierungskonzentration (Concentration of Funding)**
  Diese Kennzahl soll bestehende Konzentrationen marktbasierter Refinanzierung und die damit verbundenen Liquiditätsrisiken abbilden. Sie zeigt den Anteil der Refinanzierung des jeweiligen wesentlichen Gläubigers, Produkts oder der wesentlichen Währungen. Sie gibt somit einen Hinweis auf die vorhandene Diversifikation, welche einen Beitrag zur Risikoreduzierung leisten kann.
- **Verfügbare unbelastete Vermögenswerte/verfügbare lastenfreie Aktiva (Available Unencumbered Assets)**
  In diesem Bereich wird das vorhandene Liquiditätspotential bestehender unbelasteter liquidierbarer Aktiva geführt, welche zur besicherten Refinanzierung eingesetzt werden kann, weswegen sie als Indikator für das jeweilige Refinanzierungspotenzial zu interpretieren ist.
- **Marktbezogene Beobachtungsgrößen/Überwachungsinstrumente (Market-related Monitoring Tools)**
  Diese weiteren Überwachungsinstrumente bestehen in der Beobachtung von Frühwarnindikatoren für potenzielle Liquiditätsrisiken durch Auswertung und Betrachtung marktweiter, finanzsektorbezogener und bankspezifischer Informationen.

3.5 Risikomanagement und Bankenaufsichtlicher Überprüfungsprozess

Der Basler Ausschuss hat im Januar 2013 mit dem Dokument „Principles for effective risk data aggregation and risk reporting" (BCBS 239) seine Grundsätze für die Behandlung der Regelungen zum Risikomanagement in **Säule 2** veröffentlicht.

Das Rahmenwerk hat Auswirkungen auf Datenmanagement, Risikoberichterstattung sowie Validierung und Überwachung und die Systemarchitektur einer Bank. Die gegenüber den bisherigen Vorgaben aus dem Basel-II-Rahmenwerk deutlich erweiterten und verfeinerten Regelungen beinhalten 14 Grundsätze, die sich auf vier eng miteinander verbundene Themenbereiche beziehen:

• Gesamtunternehmensführung und Infrastruktur,
• Fähigkeit und Ressourcen zur Aggregation der Risikodaten,
• Methoden der Risikoberichterstattung sowie
• aufsichtlicher Überprüfungsprozess, Instrumente der Zusammenarbeit.

Die Grundsätze richten sich vor allem an die globalen systemrelevanten Banken, aber auch an systemrelevante Institute auf nationaler Ebene. Sie zielen auf eine weitere Stabilisierung des Bankensystems sowie auf Verbesserungen bei Daten- und Informationssystemen ab. Die nachfolgenden Tabellen (Tab. 3.12 sowie Tab. 3.13) visualisieren die im Standard enthaltenen obligatorisch einzuhaltenden Grundsätze mit Anforderungen an Banken sowie Grundsätze für die aufsichtliche Überwachung und Instrumente der Zusammenarbeit. Letztere stellen lediglich Empfehlungen an die jeweilige nationale Aufsicht dar.

Entscheidende Handlungsfelder zu den genannten Regelungen sind das Datenqualitätsmanagement, die vollständige Dokumentation, einheitliche Datenklassifizierung sowie die Prozessautomatisierung und der Datenabgleich.

Die Umsetzung und Einhaltung der erweiterten Vorgaben erfordert auch die Überprüfung und Anpassung der internen Prozesse (Ablauforganisation) und Entwicklung und Kommunikation der veränderten Arbeitsanweisungen. Um die geforderte Datenqualität und -dokumentation zu gewährleisten, sind umfangreiche Anpassungen der IT notwendig. Des Weiteren müssen die Kreditinstitute einen großen Aufwand in die Etablierung eines adäquaten Risikomanagement- und Risikoberichtsystems investieren.

Tab. 3.12 Säule-2-Grundsätze mit Anforderungen an Banken

Grundsätze mit Anforderungen an Banken	
Grundsätze für Gesamtunternehmensführung und Infrastruktur	
1. Governance	Die Ressourcen einer Bank zur Aggregation der Risikodaten und die Methoden zur Risikoberichterstattung sollen von strengen Regelungen abhängig sein, die mit anderen Grundsätzen und Empfehlungen des Basler Ausschusses konsistent sind
2. Datenarchitektur und IT-Infrastruktur	Die Datenarchitektur und IT-Infrastruktur sollen so entworfen, implementiert und gepflegt sein, dass sie die Ressourcen zur Aggregation von Risikodaten und Methoden zur Risikoberichterstattung, sowohl unter normalen Bedingungen als auch in Stressphasen oder Krisen, vollumfänglich unterstützen
Grundsätze für Ressourcen zur Risikodatenaggregation	
3. Genauigkeit und Integrität	Eine Bank soll in der Lage sein, genaue und zuverlässige Risikodaten zu generieren, um die Berichtserstattungsanforderungen unter normalen Umständen und in Stressphasen einzuhalten. Dabei sollte die Aggregation so weit wie möglich automatisiert erfolgen, um die Fehlerwahrscheinlichkeit zu minimieren
4. Vollständigkeit	Eine Bank soll in der Lage sein, alle wesentlichen Risikopotentiale innerhalb der Bankengruppe zu erfassen und zu aggregieren. Die Daten sollten nach verschiedenen Kategorien (z. B. Geschäftsfelder, Art des Vermögenswertes, Branche und Region) geordnet vorliegen, die für das jeweils betrachtete Risiko relevant sind
5. Aktualität	Eine Bank soll in der Lage sein, aggregierte und aktuelle Risikodaten zu erstellen und gleichzeitig die anderen Prinzipien zu berücksichtigen. Das Timing hängt von der Ursache und der Volatilität des gemessenen Risikos sowie der bankspezifischen Häufigkeit der Risikomanagementberichterstattung ab

(Fortsetzung)

Tab. 3.12 (Fortsetzung)

Grundsätze mit Anforderungen an Banken	
6. Anpassungsfähigkeit	Eine Bank soll in der Lage sein, aggregierte und aktuelle Risikodaten zu erstellen, um einer Reihe verschiedener Anfragen bezüglich der Risikoberichterstattung zu begegnen
Grundsätze für Methoden der Risikoberichterstattung	
7. Genauigkeit	Die Risikomanagementberichte sollen genau und präzise die aggregierten Risikodaten vermitteln und die Risiken exakt widerspiegeln. Die Berichte sollen abgeglichen und validiert werden
8. Umfang	Die Risikomanagementberichte sollen alle wesentlichen Risikobereiche der Organisation abdecken. Die Detailliertheit und der Umfang dieser Berichte sollen mit der Größe und Komplexität des operativen Geschäfts und Risikoprofils der Bank und den Anforderungen der Adressaten konsistent sein
9. Klarheit und Nutzen	Risikomanagementberichte sollen Informationen klar und präzise kommunizieren. Berichte sollen einfach zu verstehen, aber umfassend genug für eine fundierte Entscheidungsfindung sein. Berichte sollen die wesentlichen Informationen adressantengerecht aufbereitet bereitstellen
10. Häufigkeit	Das Management soll die Häufigkeit der Risikoberichterstattung und deren Verteilung festlegen. Die Anforderung an die Häufigkeit soll die Bedürfnisse der Adressaten, den Ursprung des jeweiligen Risikos und seiner Veränderungsgeschwindigkeit widerspiegeln. Außerdem ist die Bedeutung der Berichte für ein solides Risikomanagement und zugehörige Entscheidungsprozesse zu berücksichtigen. Die Häufigkeit sollte während Krisenzeiten erhöht werden
11. Verteilung	Risikomanagementberichte sollen unter Sicherstellung einer vertraulichen Behandlung an die zuständigen Stellen verteilt werden

Tab. 3.13 Säule-2-Grundsätze mit Empfehlungen an nationale Aufsicht

Grundsätze für die aufsichtliche Überwachung und Instrumente der Zusammenarbeit	
12. Überwachungsprozess	Die Aufsicht soll eine regelmäßige Überprüfung vornehmen, um die Compliance der Bank gegenüber den zuvor dargelegten Grundsätzen zu beurteilen
13. Korrektur- und Aufsichtsmaßnahmen	Die Aufsicht soll geeignete Instrumente und Kapazitäten vorhalten und nutzen, um wirkungsvolle und zeitnahe Korrekturen von Mängeln einer Bank zu fordern und Defiziten bei den Ressourcen der Risikodatenaggregation und den Methoden der Risikoberichterstattung entgegenzuwirken. Die Aufsicht soll die Möglichkeit besitzen, eine Reihe von Instrumenten inklusive Säule 2 zu nutzen
14. Grenzüberschreitende Zusammenarbeit	Aufsichtsbehörden sollen im Hinblick auf die Überwachung der Grundsätze und – falls erforderlich – der Implementierung von Korrekturmaßnahmen mit entsprechenden Behörden anderer Länder kooperieren

3.6 Marktdisziplin, Offenlegung und Transparenz

Der Basler Ausschuss veröffentlichte am 11.12.2018 unter dem Titel „Pillar 3 disclosure requirements – updated framework" (BCBS 455) die finale Version des überarbeiteten Säule 3 – Offenlegungsrahmenwerks. Die Offenlegungsanforderungen beziehen sich auf sämtliche in Säule 1 zu betrachtenden holistischen Kapitalanforderungen, inklusive Risikounterlegung, Leverage Ratio sowie Liquiditätsanforderungen. Des Weiteren beinhaltet der Standard gleichermaßen Offenlegungsanforderungen hinsichtlich Übersichten zu Risikomanagement und aufsichtlichen Schlüsselparametern. Ziel der überarbeiteten Regelungen in **Säule 3** ist es, die Vergleichbarkeit und Konsistenz der Offenlegungen zu verbessern. Hierzu wurden eine Hierarchie von Offenlegungsanforderungen aufgestellt und feste Vorlagen für die Offenlegung wesentlicher quantitativer Informationen eingeführt. Diese können auch mit qualitativen Kommentaren zu speziellen Umständen und Risikoprofil ergänzt werden.

In Abhängigkeit der spezifischen Offenlegungsanforderungen wird eine viertel-, halbjährliche beziehungsweise jährliche Berichterstattung vorgeschrieben.

Das Rahmenwerk definiert fünf Grundsätze für die Offenlegungsanforderungen nach Säule 3. Demnach hat die Offenlegung

- klar,
- umfassend,
- bedeutend und aussagekräftig für die jeweiligen Adressaten,
- im Zeitverlauf konsistent sowie
- über alle Banken hinweg vergleichbar zu erfolgen.

Der Standard führt ein „Dashboard" mit wesentlichen aufsichtlichen Messgrößen ein, welches den Nutzern der Daten von Säule 3 einen Überblick über die aufsichtliche Position einer Bank vermittelt. Zudem wird eine neue Offenlegungsanforderung für Banken beschrieben, die Einblicke in die jeweilige Berechnungsmethodik der vorsichtigen Wertberichtigungen (prudent valuation adjustments, PVAs) ermöglichen soll, sofern diese angewendet werden.

Der Basler Ausschuss sieht die Offenlegung von Informationen der Banken zu belastetem und unbelastetem Vermögen (asset encumberance) als bedeutend für die Nutzer von Säule-3-Daten. Sie geben einen Überblick darüber, in welchem Maß das Kapital der Bank für Gläubiger im Falle einer Insolvenz verfügbar bleibt. Dies verdeutlicht den Zusammenhang zwischen den Bail-in-Regelungen in Säule 1 sowie den Offenlegungen in Säule 3.

Offenzulegen sind ferner Informationen über Kapitalquoten, die sich aus Auflagen nationaler Aufsichtsbehörden zur Kapitalverteilung ergeben würden. Diese Informationen befähigen, Entscheidungen hinsichtlich des Umgangs mit Risiken eines Kuponausfalls bei Kapitalinstrumenten zu treffen. Dies betrifft insbesondere Aspekte der Preisfindung sowie der Marktstabilität. Die vorgeschlagene Offenlegung kann unter bestimmten Umständen dazu führen, dass ein Kreditinstitut seine Säule 2 Anforderungen offenlegt, wodurch gleichermaßen Querverbindungen zwischen Säule 2 und Säule 3 deutlich werden.

Auf Grundlage des Beschlusses des Basler Ausschusses vom 27.03.2020 wird das schrittweise Inkrafttreten der Offenlegungsanforderungen zu den dargestellten Aspekten spätestens auf den 01.01.2023 verschoben.

Die speziellen Regelungen zur Offenlegung in Bezug auf die Leverage Ratio wurden in dem vom Basler Ausschuss am 26.06.2019 veröffentlichten Standard „Revisions to leverage ratio disclosure requirements" (BCBS 468) finalisiert. Ziel der darin enthaltenen Änderungen der Offenlegungsanforderungen der Leverage Ratio ist die Eindämmung des vom Basler Ausschuss als kritisch betrachteten sogenannten „window dressing", worunter bilanzpolitische Maßnahmen zu verstehen sind, welche insbesondere der kurzfristigen positiven Gestaltung des Jahresabschlusses unmittelbar vor dem Bilanzstichtag dienen.

Zusammenfassende Darstellung zuvor behandelter Inhalte

4

Die bisherigen Ausführungen demonstrierten, dass im Zusammenhang mit der Überarbeitung der verschiedenen Ansätze zur Ermittlung der RWA zumeist eine Begrenzung des Potenzials vorgesehen ist, in welchem Banken interne Modelle verwenden können, um die für die verschiedenen Risikoarten berechneten Eigenkapitalanforderungen zu senken. Ein vorrangiges Ziel der veränderten Regelungen ist die Einführung von risikosensitiven, standardisierten Ansätzen sowie der Abbau nationaler Wahlrechte, um vergleichbarere und konsistentere Ergebnisse zu erzielen. Dies ist jedoch teilweise mit einer höheren Komplexität verbunden. Zudem wurde deutlich, dass die Banken in Abhängigkeit ihrer Bilanzstruktur und Geschäftsmodelle mit tendenziell steigenden Eigenkapitalanforderungen rechnen müssen. Die nachfolgende Abb. 4.1 visualisiert die chronologische Agenda der Einführung und schrittweisen Implementierung bedeutsamer Regelungen des Basel IV-Rahmenwerks.

Die Regelungen von Basel IV beinhalten die zuvor dargestellten veränderten Ansätze zur Berechnung der RWA für die bedeutendsten Risikoarten (Kredit-, Verbriefungs-, Kontrahenten-, CVA-, und Marktpreisrisiko sowie operationelle Risiken). Gleichermaßen wurde die Behandlung von Zinsänderungsrisiken in Form eines erweiterten Säule II-Ansatzes – welche demgemäß im engeren Sinne nicht kapitalunterlegungspflichtig sind – beschrieben. Zwar wurde die grundlegende Risikokategorisierung von Basel III übernommen, die Verfahren und Methoden zur Ermittlung der RWA jedoch zum Teil signifikant adjustiert, ergänzt oder ersetzt. Dies hat wiederum Auswirkungen auf die Kapitalqualität und -quantität sowie die Zusammensetzung des vorzuhaltenden Kapitals.

Durch die Einführung der Regelungen zu TLAC-Quote und TLAC-LRE kommt es zu einer Erhöhung der Kapitalanforderungen für G-SIBs.

B. Zirkler et al., *Basel IV in der Unternehmenspraxis*, essentials, https://doi.org/10.1007/978-3-658-35018-5_4

	Kreditrisiko	Verbriefungen	Kontrahenten-risiko	CVA-Risiko	Marktpreisrisiko	Zinsänderungs-risiko	Operationelles Risiko	Capital Floor/ IRBA	TLAC	Säule 2	Säule 3
2013											Veröffentlichung des finalen Standards
2014		Einführung von Verfahren zur Ermittlung des Risikos	Einführung von Verfahren zur Ermittlung des Risikos								
2015											Veröffentlichung des ersten finalen Standards
2016	Mehrfache Konsultation und Überarbeitung der Vorgaben zur Methodik und Kalibrierung der Parameter zur Ermittlung des Risikos	Revision der bisherigen Ermittlung des Risikos sowie deren Erweiterung			Einführung eines erweiterten Stds.	Einführung eines erweiterten Stds. 2-Ansätze sowie Anpassung der Grundsätze			Veröffentlichung der Regelungen zum TLAC	vollständige Anwendung	
2017			vollständige Anwendung	Einführung neuer Verfahren zur Ermittlung des Risikos	Revision der bisherigen Verfahren zur Ermittlung des Risikos sowie deren Erweiterung		Finalisierung der Vorgaben zu neuen Verfahren zur Ermittlung des Risikos	Einführung der Regelungen zu Capital Floors			Mehrfache Konsultation und Überarbeitung der Vorgaben sowie Templates zur ermittelten Daten zu Offenlegung der allen Risikoarten
2018		vollständige Anwendung			vollständige Anwendung						
2019				Überarbeitung der Verfahren zur Ermittlung des Risikos und Anpassung an FRTB		Finalisierung der Überarbeitung der Verfahren zur Risikoermittlung					
2020											
2021								stufenweise Einführung zwischen 2019 und 2023			
2022											stufenweise Einführung der Offenlegungsanforderungen
2023	vollständige Anwendung			vollständige Anwendung	vollständige Anwendung		vollständige Anwendung	stufenweise Einführung zwischen 2023 und 2028			

Abb. 4.1 Agenda zur Einführung von Basel IV

Die neu festgelegten Floor-Regelungen und Einschränkungen beim Einsatz interner Modelle sind insbesondere für IRB-Banken von Bedeutung. Herausforderungen ergeben sich aus der zunehmenden Komplexität der neuen Standardansätze und den damit verbundenen erhöhten Datenanforderungen. Die neuen Regelungen führen zu erhöhten Anforderungen an die Daten und damit verbunden auch an die IT und deren Architektur. Mit dem Ziel, die Vollständigkeit und Korrektheit der Daten zu gewährleisten, ist eine stärkere Systemintegration zwischen den Bereichen Rechnungslegung, Risikoberichterstattung und Meldewesen zwingend erforderlich. Das Datenmanagement und der Trend zu einer detaillierteren und häufigeren Berichterstattung betreffen insbesondere die Verfügbarkeit, Verwertbarkeit, Qualität und Flexibilität der Daten. Ein erweiterter Anpassungsbedarf aufgrund der zunehmenden Komplexität und des Trends zu einem immer differenzierteren und übergreifenderen Berichtswesen ergibt sich auch im Bereich der Meldewesen-Architektur sowie der Reporting Software und Data Analytics. So werden zum Teil auch neue Tools erforderlich, um zuverlässige Testrechnungen durchführen und regulatorische Reportingprozesse wirkungsvoll und fristgerecht umsetzen zu können. Größere Banken und IRB-Institute sollten vor allem die Auswirkungen der Capital Floors betrachten und die Standardansätze optimal implementieren. In diesem Zusammenhang ergibt sich auch ein erhöhter Bedarf an Ressourcen aufgrund des Anpassungsbedarfs der bestehenden Modelle, die nach der Rekalibrierung erneut validiert und von der Aufsicht abgenommen werden müssen.

Kleinere Institute müssen insbesondere die Infrastruktur und Technologie verbessern, um die mit den komplexer gewordenen Standardansätzen verbundenen steigenden Anforderungen an die Menge und Granularität der Daten zu bewältigen.

Banken müssen die verbleibende Zeit bis zur abschließenden Implementierung der finalen Regelungen zum 01.01.2022, beziehungsweise 01.01.2023 nutzen, um die Kapitalbindung in den einzelnen Geschäftsbereichen zu überprüfen und ihr Produkt- und Preisangebot sowie das bestehende Produktportfolio anzupassen.

Als Abschluss dieses Essentials wird die Entwicklung der veränderten Regelungen nach Risikobereichen geordnet zusammengefasst dargestellt. Abb. 4.2 zeigt die Dokumente im Zeitverlauf, den jeweiligen Konsultationsstand und die zu erwartenden Einführungstermine. Die darin dargestellten Einzelstandards wurden vom Basler Ausschuss zu einem konsolidierten Framework zusammengefasst. Damit wurden die Leitlinien aus den Einzelstandards von Basel IV holistisch zusammengeführt und ergeben nun ein in sich geschlossenes Rahmenwerk.

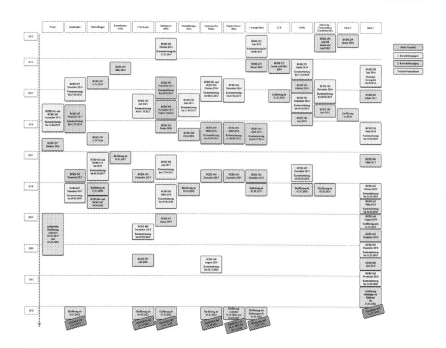

Abb. 4.2 Entwicklung der veränderten Regelungen nach Risikobereichen

Was Sie aus diesem *essential* mitnehmen können

- Warum es die Basel-Regularien gibt
- Weswegen ‚Basel IV' einen Beitrag zur Kapitalmarktstabilität leistet
- ‚Basel IV' ist – nach wie vor – nicht nur ein Bankenthema

© Der/die Herausgeber bzw. der/die Autor(en), exklusiv lizenziert durch
Springer Fachmedien Wiesbaden GmbH, ein Teil von Springer Nature 2021
B. Zirkler et al., *Basel IV in der Unternehmenspraxis*, essentials,
https://doi.org/10.1007/978-3-658-35018-5

Quellenverzeichnis

Literaturquellen

1. Albrecht, Peter/Huggenberger, Markus: Finanzrisikomanagement – Methoden zur Messung, Analyse und Steuerung finanzieller Risiken, Schäffer-Pöschel Verlag, Stuttgart 2015.
2. Brauweiler, Hans-Christian: Internal Audit in a Multinational Perspective; Wroclaw University of Economics, Conference Proceedings, 2nd International Research Symposium: "Global Challenges of Management Control and Reporting", in: Research Papers of Wroclaw University of Economics, Wroclaw 2017, p. 25–32.
3. Brauweiler, Hans-Christian/Madmarov, Nurbek: Risk Management Attitude of Banks: Comparative Analyses of National and Foreign Banks in Germany and Kyrgyzstan, in: Economic Science, education and the real economy: Development and interactions in the digital age, Jubilee Proceedings by Economic University of Varna publishing house "Science and economics", 2020.
4. Brauweiler, Hans-Christian: Risikomanagement in Banken und Kreditinstituten, Springer Essentials, Springer Gabler Verlag, 2015.
5. Brauweiler, Hans-Christian/Zirkler, Bernd: Risk Management – Theoretical Basis, Comparison and Impact in a Globalized Economy, in: Conference Proceedings N1 of the International Congress on International Partnership: Global Challenges of our Time. Kazakh-American Free University, Ust-Kamenogorsk, 2018, p. 4–13.
6. Everling, Oliver/Leker, Jens/Bielmeier, Stefan (Hrsg.): Credit Analyst, 3. Auflage, De Gruyter Oldenbourg Verlag, Berlin 2015.
7. Funk, Wilfried/Rossmanith, Jonas: Rechnungslegung und Controlling im Spannungsfeld der Globalisierung – Einflussgrößen und Wirkungsbereiche, in: Funk, Wilfried/Rossmanith, Jonas (Hrsg.): Internationale Rechnungslegung und Internationales Controlling. Herausforderungen – Handlungsfelder – Erfolgspotenziale, 2. Auflage, Gabler Verlag, Wiesbaden 2011, S. 3–101.
8. Hartmann-Wendels, Thomas/Pfingsten, Andreas/Weber, Martin: Bankbetriebslehre, 6. Auflage, Springer Gabler Verlag, Berlin und Heidelberg 2015.

© Der/die Herausgeber bzw. der/die Autor(en), exklusiv lizenziert durch
Springer Fachmedien Wiesbaden GmbH, ein Teil von Springer Nature 2021
B. Zirkler et al., *Basel IV in der Unternehmenspraxis*, essentials,
https://doi.org/10.1007/978-3-658-35018-5

9. Haves, Rolf: Baseler Regulatorik: Basel I, II und III im Überblick, in: Everling, Oliver/Leker, Jens/Bielmeier, Stefan (Hrsg.): Credit Analyst, 3. Auflage, De Gruyter Oldenbourg Verlag, Berlin 2015, S. 25–54.
10. Hofmann, Gerhard (Hrsg.): Basel III und MaRisk – Regulatorische Vorgaben, bankinterne Verfahren, Risikomanagement, Frankfurt School Verlag, Frankfurt am Main 2011.
11. Hofmann, Gerhard (Hrsg.): Basel III, Risikomanagement und neue Bankenaufsicht, Frankfurt School Verlag, Frankfurt am Main 2015.
12. Hofmann, Jonathan/Schmolz, Sandra: Controlling und Basel III in der Unternehmenspraxis, Springer Gabler Verlag, Wiesbaden 2014.
13. Lee, Cheng-Few/Lee, Alice C. (Hrsg.): Encyclopdia of Finance, 2. Auflage, Springer Science+Business Media, New York 2013.
14. Müller, Stefan/Brackschulze, Kai/Mayer-Friedrich, Matija Denise: Finanzierung mittelständischer Unternehmen nach Basel III, 2. Auflage, Franz Vahlen Verlag, München 2011.
15. Noack, Stefan/Brauweiler, Hans-Christian: Covenants in Loan Contracts as a Measure and Aid to reduce Risk, in: Conference Proceedings N1 of the International Congress on International Partnership: Social and Economic Challenges and Trends. Kazakh-American Free University Academic Journal, Ust-Kamenogorsk, 2019, p. 74–82.
16. Paul, Stephan: Die Entwicklung des Basler Regelwerks im Überblick, in: Hofmann, Gerhard (Hrsg.): Basel III und MaRisk, Frankfurt School Verlag, Frankfurt am Main 2011, S. 9–63.
17. Paul, Stephan: Die Entwicklung des Basler Regelwerks im Überblick, in: Hofmann, Gerhard (Hrsg.): Basel III, Risikomanagement und neue Bankenaufsicht, Frankfurt School Verlag, Frankfurt am Main 2015, S. 1–79.
18. Schierenbeck, Henner/Lister, Michael/Kirmße, Stefan: Ertragsorientiertes Bankmanagement, Band 1: Messung von Rentabilität und Risiko um Bankgeschäft, 9. Auflage, Springer Gabler Verlag, Wiesbaden 2014.
19. Stickelmann, Karsten: Aufsichtliche Anforderungen für Marktrisikopositionen, in: Hofmann, Gerhard (Hrsg.): Basel III, Risikomanagement und neue Bankenaufsicht, Frankfurt School Verlag, Frankfurt am Main 2015, S. 239–278.
20. Zirkler, Bernd/Hofmann, Jonathan: Kennzahlengestütztes Finanzcontrolling auf Basis von Kapitalflussrechnungen, in: Ulrich, Patrick – Baltzer, Björn (Hrsg.): Wertschöpfung in der Betriebswirtschaftslehre – Festschrift für Prof. Dr. habil. Wolfgang Becker zum 65. Geburtstag, Springer Gabler Verlag, Wiesbaden 2019, S. 187–228.
21. Zirkler, Bernd/Hofmann, Jonathan/Schmolz, Sandra: Basel III in der Unternehmenspraxis, Springer Essentials, Springer Gabler Verlag, Wiesbaden 2015.
22. Zirkler, Bernd/Hofmann, Jonathan: Wie sich Basel III auf das Rating von KMUs auswirkt, in: Controlling & Management Review (CMR), Heft 2/2015, S. 60–68.
23. Zirkler, Bernd/Hofmann, Jonathan/Schmolz, Sandra: Controlling und Basel IV in der Unternehmenspraxis, 2. Auflage, Springer Gabler Verlag, Wiesbaden 2020.
24. Zirkler, Bernd/Nobach, Kai/Hofmann, Jonathan/Behrens, Sabrina: Projektcontrolling, Springer Gabler Verlag, Wiesbaden 2018.

Internetquellen

25. Amtsblatt der Europäischen Union: RICHTLINIE 2013/36/EU DES EUROPÄISCHEN PARLAMENTS UND DES RATES vom 26. Juni 2013 über den Zugang zur Tätigkeit von Kreditinstituten und die Beaufsichtigung von Kreditinstituten und Wertpapierfirmen, zur Änderung der Richtlinie 2002/87/EG und zur Aufhebung der Richtlinien 2006/48/EG und 2006/49/EG, 2013, https://eur-lex.europa.eu/legal-content/DE/TXT/PDF/?uri=CELEX: 32013 L0036&from=DE.

26. Amtsblatt der Europäischen Union: RICHTLINIE 2014/59/EU DES EUROPÄISCHEN PARLAMENTS UND DES RATES vom 15. Mai 2014 zur Festlegung eines Rahmens für die Sanierung und Abwicklung von Kreditinstituten und Wertpapierfirmen und zur Änderung der Richtlinie 82/891/EWG des Rates, der Richtlinien 2001/24/EG, 2002/47/EG, 2004/25/EG, 2005/56/EG, 2007/36/EG, 2011/35/EU, 2012/30/EU und 2013/36/EU sowie der Verordnungen (EU) Nr. 1093/2010 und (EU) Nr. 648/2012 des Europäischen Parlaments und des Rates, 2014, https://eur-lex.europa.eu/legal-content/DE/TXT/PDF/?uri=CELEX: 32014L0059.

27. Amtsblatt der Europäischen Union: RICHTLINIE (EU) 2019/878 DES EUROPÄISCHEN PARLAMENTS UND DES RATES vom 20. Mai 2019 zur Änderung der Richtlinie 2013/36/EU im Hinblick auf von der Anwendung ausgenommene Unternehmen, Finanzholdinggesellschaften, gemischte Finanzholdinggesellschaften, Vergütung, Aufsichtsmaßnahmen und -befugnisse und Kapitalerhaltungsmaßnahmen, 2019, https://eur-lex.europa.eu/legal-content/DE/TXT/PDF/?uri=CELEX:32019L0878&from=EN.

28. Amtsblatt der Europäischen Union: RICHTLINIE (EU) 2019/879 DES EUROPÄISCHEN PARLAMENTS UND DES RATES vom 20. Mai 2019 zur Änderung der Richtlinie 2014/59/EU in Bezug auf die Verlustabsorptions- und Rekapitalisierungskapazität von Kreditinstituten und Wertpapierfirmen und der Richtlinie 98/26/EG, 2019, https://eur-lex.europa.eu/legal-content/DE/TXT/PDF/?uri=CELEX:32019L0879&from=EN.

29. Amtsblatt der Europäischen Union: VERORDNUNG (EU) 2019/876 DES EUROPÄISCHEN PARLAMENTS UND DES RATES vom 20. Mai 2019 zur Änderung der Verordnung (EU) Nr. 575/2013 in Bezug auf die Verschuldungsquote, die strukturelle Liquiditätsquote, Anforderungen an Eigenmittel und berücksichtigungsfähige Verbindlichkeiten, das Gegenparteiausfallrisiko, das Marktrisiko, Risikopositionen gegenüber zentralen Gegenparteien, Risikopositionen gegenüber Organismen für gemeinsame Anlagen, Großkredite, Melde- und Offenlegungspflichten und der Verordnung (EU) Nr. 648/2012, 2019, https://eur-lex.europa.eu/legal-content/DE/TXT/PDF/?uri=CELEX: 32019 R0876&from=PL.

30. Amtsblatt der Europäischen Union: VERORDNUNG (EU) Nr. 575/2013 DES EURO-PÄISCHEN PARLAMENTS UND DES RATES vom 26. Juni 2013 über Aufsichtsanforderungen an Kreditinstitute und Wertpapierfirmen und zur Änderung der Verordnung (EU) Nr. 646/2012, 2013, https://eur-lex.europa.eu/legal-content/DE/TXT/?uri=celex% 3A32013R0575.

31. Bundesgesetzblatt: Gesetz zur Umsetzung der Richtlinie 2013/36/EU über den Zugang zur Tätigkeit von Kreditinstituten und die Beaufsichtigung von Kreditinstituten und Wertpapierfirmen und zur Anpassung des Aufsichtsrechts an die Verordnung (EU) Nr. 575/2013 über Aufsichtsanforderungen an Kreditinstitute und Wertpapierfirmen (CRD IV-Umsetzungsgesetz), Jahrgang 2013, Teil I, Nr. 53, Bonn 2013, https://www.bgbl.de/xaver/bgbl/start.xav?start=%2F%2F*%5B%40attr_id%3D%27bgbl113s3395.pdf%27%5D#__bgbl__%2F%2F*%5B%40attr_id%3D%27bgbl113s3395.pdf%27%5D__1589104844625.

32. Deutsche Bundesbank: Abwicklung und Restrukturierung von Banken – Die neuen Mindestanforderungen TLAC und MREL, in: Monatsbericht Juli 2016, Frankfurt am Main 2016, S. 65–83, https://www.bundesbank.de/resource/blob/652380/7de7461f5d69c5beb8cd96e141d9524b/mL/2016-07-mindestanforderungen-tlac-mrel-data.pdf.

33. Deutsche Bundesbank: Antizyklischer Kapitalpuffer in ausgewählten europäischen Ländern, Frankfurt am Main 2018, https://www.bundesbank.de/resource/blob/766874/dcdee33e332e724676132fd73349b29b/mL/3-tab1-f2tb0005-data.pdf.

34. Deutsche Bundesbank: Basel III – Leitfaden zu den neuen Eigenkapital und Liquiditätsregeln für Banken, Frankfurt am Main 2011, https://www.bundesbank.de/resource/blob/651902/006cd6ff269a036ed6d41a748bb1bde8/mL/basel3-leitfaden-data.pdf.

35. Deutsche Bundesbank: Die Fertigstellung von Basel III, in: Monatsbericht Januar 2018, Frankfurt am Main 2018, S. 77–94, https://www.bundesbank.de/resource/blob/693494/65d2da4c437491434426497fd0ff47fd/mL/2018-01-basel-3-data.pdf.

36. Deutsche Bundesbank: Die Umsetzung von Basel III in europäisches und nationales Recht, in: Monatsbericht Juni 2013, 65. Jahrgang, Nr. 6, Frankfurt am Main 2013, S. 57–73, https://www.bundesbank.de/resource/blob/669290/f3b60da1e44c22c4027bad869321fb25/mL/2013-06-monatsbericht-data.pdf.

37. Europäische Zentralbank: Special Features – The impact of the Basel III leverage ratio on risk-taking and bank stability, Financial Stability Review, 2015, https://www.ecb.europa.eu/pub/pdf/other/sfafinancialstabilityreview201511.en.pdf.

38. Financial Stability Board: Principles on Loss-Absorbing and Recapitalisation Capacity of G-SIBs in Resolution, 2015, https://www.fsb.org/wp-content/uploads/TLAC-Principles-and-Term-Sheet-for-publication-final.pdf.

39. Hartmann-Wendels, Thomas – Die Leverage Ratio: Ausgestaltung, aufsichtliche Ziele, Auswirkungen auf die Geschäftspolitik der Banken, Köln 2016, https://die-dk.de/media/files/Gutachten_Leverage_Ratio.pdf.

40. NordLB: Fixed Income Research Financial Specials: Europäischen G-SIBs, 2017, https://www.nordlb.de/fileadmin/redaktion/analysen_prognosen/financials/specials/2017/20170222_Financial_Special.pdf.

41. PwC: ‚Basel IV': Bing bang – or the endgame of Basel III?, 2017, https://www.pwc.com/il/he/bankim/assets/2018/basel-iv-big-bang-or-endgame-of-basel-iii-201712.pdf.

42. PwC: Regulatory: IRRBB – Update zu den finalen Standards, 2016, https://blogs.pwc.de/regulatory/aktuelles/irrb-update-zu-den-finalen-standards/1838/.

43. Seiwald, Christian/Hämmerle, Johannes: Zinsrisiken im Anlagebuch (IRRBB), Deloitte White Paper No. 70, 2018, https://www2.deloitte.com/content/dam/Deloitte/de/Documents/risk/Whitepaper-70-RA-Risk-Advisory-IRRBB_update.pdf.

Verzeichnis der Basel Committee on Banking Supervision (BCBS) Standards

44. BCBS 108: Principles for the Management and Supervision of Interest Rate Risk, July 2004, https://www.bis.org/publ/bcbs108.pdf.
45. BCBS 128: International Convergence of Capital Measurement and Capital Standards: A Revised Framework – Comprehensive Version, June 2006, https://www.bis.org/publ/bcbs128.pdf.
46. BCBS 128: Internationale Konvergenz der Eigenkapitalmessung und Eigenkapitalanforderungen, Juni 2006, https://www.bis.org/publ/bcbs128ger.pdf.
47. BCBS 144: Principles for sound liquidity risk management and supervision, September 2008, https://www.bis.org/publ/bcbs144.pdf.
48. BCBS 157: Enhancements to the Basel II framework, July 2009, https://www.bis.org/publ/bcbs157.pdf.
49. BCBS 158: Revisions to the Basel II market risk framework, July 2009, https://www.bis.org/publ/bcbs158.pdf.
50. BCBS 159: Guidelines for computing capital for incremental risk in the trading book, July 2009, https://www.bis.org/publ/bcbs159.pdf.
51. BCBS 188: Basel III – Internationale Rahmenvereinbarung über Messung, Standards, und Überwachung in Bezug auf das Liquiditätsrisiko, Dezember 2010, http://www.bis.org/publ/bcbs188_de.pdf.
52. BCBS 189: Basel III: Ein globaler Regulierungsrahmen für widerstandsfähigere Banken und Bankensysteme, Juni 2011, http://www.bis.org/publ/bcbs189_de.pdf.
53. BCBS 193: Revisions to the Basel II market risk framework Updated as of 31 December 2010, February 2011, https://www.bis.org/publ/bcbs193.pdf.
54. BCBS 195: Principles for the Sound Management of Operational Risk, June 2011, https://www.bis.org/publ/bcbs195.pdf.
55. BCBS 207: Global systemrelevante Banken: Bewertungsmethodik und Anforderungen an die zusätzliche Verlustabsorptionsfähigkeit, November 2011, https://www.bis.org/publ/bcbs207_de.pdf.
56. BCBS 230: Core Principles for Effective Banking Supervision, September 2012, https://www.bis.org/publ/bcbs230.pdf.
57. BCBS 233: A framework for dealing with domestic systemically important banks, October 2012, https://www.bis.org/publ/bcbs233.pdf.
58. BCBS 236: Revisions to the Basel Securitisation Framework, December 2012, https://www.bis.org/publ/bcbs236.pdf.
59. BCBS 238: Basel III: The Liquidity Coverage Ratio and liquidity risk monitoring tools, January 2013, https://www.bis.org/publ/bcbs238.pdf.
60. BCBS 238: Basel III: Mindestliquiditätsquote und Instrumente zur Überwachung des Liquiditätsrisikos, Januar 2013, https://www.bis.org/publ/bcbs238_de.pdf.
61. BCBS 239: Principles for effective risk data aggregation and risk reporting, January 2013, https://www.bis.org/publ/bcbs239.pdf.
62. BCBS 248: Monitoring tools for intraday liquidity Management, April 2013, https://www.bis.org/publ/bcbs248.pdf.

63. BCBS 251: Revised Basel III leverage ratio framework and disclosure requirements – consultative document, June 2013, https://www.bis.org/publ/bcbs251.pdf.
64. BCBS 255: Global systemically important banks: updated assessment methodology and the higher loss absorbency requirement, July 2013, https://www.bis.org/publ/bcbs255.pdf.
65. BCBS 265: Consultative Document: Fundamental Review of the trading book, October 2013, https://www.bis.org/publ/bcbs265.pdf.
66. BCBS 266: Capital requirements for banks' equity investments in funds, December 2013, https://www.bis.org/publ/bcbs266.pdf.
67. BCBS 270: Basel III leverage ratio framework and disclosure requirements, January 2014, https://www.bis.org/publ/bcbs270.pdf.
68. BCBS 270: Basel III: Rahmenregelung für die Höchstverschuldungsquote und Offenlegungsanforderungen, Januar 2014, https://www.bis.org/publ/bcbs270_de.pdf.
69. BCBS 271: Basel III: Strukturelle Liquiditätsquote, Januar 2014, https://www.bis.org/publ/bcbs271_de.pdf.
70. BCBS 272: Liquidity coverage ratio disclosure standards, March 2014, https://www.bis.org/publ/bcbs272.pdf.
71. BCBS 279: The standardised approach for measuring counterparty credit risk exposures, April 2014, https://www.bis.org/publ/bcbs279.pdf.
72. BCBS 282: Capital requirements for bank exposures to central counterparties, April 2014, https://www.bis.org/publ/bcbs282.pdf.
73. BCBS 283: Supervisory framework for measuring and controlling large exposures, April 2014, https://www.bis.org/publ/bcbs283.pdf.
74. BCBS 286: Consultative Document: Review of the Pillar 3 disclosure requirements, June 2014, https://www.bis.org/publ/bcbs286.pdf.
75. BCBS 291: Operational risk – Revisions to the simpler approaches, October 2014, https://www.bis.org/publ/bcbs291.pdf.
76. BCBS 292: Review of the Principles für sound Management of Operational Risk, October 2014, https://www.bis.org/publ/bcbs292.pdf.
77. BCBS 295: Basel III: the net stable funding ratio, October 2014, https://www.bis.org/bcbs/publ/d295.pdf.
78. BCBS 302: Net Stable Funding Ratio disclosure standards, December 2014, https://www.bis.org/bcbs/publ/d302.pdf.
79. BCBS 303: Revisions to the securitisation framework, December 2014, https://www.bis.org/bcbs/publ/d303.pdf.
80. BCBS 305: Consultative Document: Fundamental review of the trading book: outstanding issues, December 2014, https://www.bis.org/bcbs/publ/d305.pdf.
81. BCBS 306: Capital floors: the design of a framework based on standardised approaches, December 2014, https://www.bis.org/bcbs/publ/d306.pdf.
82. BCBS 307: Consultative Document: Revisions to the Standardised Approach for credit risk, December 2014, https://www.bis.org/bcbs/publ/d307.pdf.
83. BCBS 308: Progress in adopting the principles for effective risk data aggregation and risk reporting, January 2015, https://www.bis.org/bcbs/publ/d308.pdf.
84. BCBS 309: Revised Pillar 3 disclosure requirements, January 2015, https://www.bis.org/bcbs/publ/d309.pdf.

85. BCBS 317: Margin requirements for non-centrally cleared derivatives, March 2015, https://www.bis.org/bcbs/publ/d317.pdf.
86. BCBS 319: Consultative Document: Interest rate risk in the banking book, June 2015, https://www.bis.org/bcbs/publ/d319.pdf.
87. BCBS 324: Net Stable Funding Ratio disclosure standards, June 2015, https://www.bis.org/bcbs/publ/d324.pdf.
88. BCBS 325: Review of the Credit Valuation Adjustment Risk Framework, July 2015, https://www.bis.org/bcbs/publ/d325.pdf.
89. BCBS 332: Criteria for identifying simple, transparent and comparable securitisations, July 2015, https://www.bis.org/bcbs/publ/d332.pdf.
90. BCBS 341: TLAC Quantitative Impact Study Report, November 2015, https://www.bis.org/bcbs/publ/d341.pdf.
91. BCBS 342: Consultative Document: TLAC Holdings, November 2015, https://www.bis.org/bcbs/publ/d342.pdf.
92. BCBS 343: Capital treatment for "simple, transparent and comparable" securitisations, November 2015, https://www.bis.org/bcbs/publ/d343.pdf.
93. BCBS 346: Fundamental review of the trading book – interim impact analysis, November 2015, https://www.bis.org/bcbs/publ/d346.pdf.
94. BCBS 347: Second consultative document: Revisions to the Standardised Approach for credit risk, December 2015, https://www.bis.org/bcbs/publ/d347.pdf.
95. BCBS 352: Minimum capital requirements for market risk, January 2016, https://www.bis.org/bcbs/publ/d352.pdf.
96. BCBS 355: Standardised Measurement Approach for operational risk, March 2016, https://www.bis.org/bcbs/publ/d355.pdf.
97. BCBS 356: Pillar 3 disclosure requirements – consolidated and enhanced framework, March 2016, https://www.bis.org/bcbs/publ/d356.pdf.
98. BCBS 362: Consultative Document: Reducing variation in credit risk-weighted assets – constraints on the use of internal model approaches, March 2016, https://www.bis.org/bcbs/publ/d362.pdf.
99. BCBS 365: Consultative Document: Revisions to the Basel III leverage ratio framework, April 2016, https://www.bis.org/bcbs/publ/d365.pdf.
100. BCBS 368: Interest rate risk in the banking book, April 2016, https://www.bis.org/bcbs/publ/d368.pdf.
101. BCBS 374: Revisions to the securitisation framework, July 2016, https://www.bis.org/bcbs/publ/d374.pdf.
102. BCBS 387: TLAC Holdings – Amendments to the Basel III standard on the definition of capital, October 2016, https://www.bis.org/bcbs/publ/d387.pdf.
103. BCBS 400: Pillar 3 disclosure requirements – consolidated and enhanced framework, March 2017, https://www.bis.org/bcbs/publ/d400.pdf.
104. BCBS 408: Consultative Document: Simplified alternative to the standardised approach to market risk capital requirements, June 2017, https://www.bis.org/bcbs/publ/d408.pdf.
105. BCBS 413: Capital treatment for simple, transparent and comparable short-term securitisations, July 2017, https://www.bis.org/bcbs/publ/d413.pdf.
106. BCBS 414: Criteria for identifying simple, transparent and comparable short-term securitisations, July 2017, https://www.bis.org/bcbs/publ/d414.pdf.

107. BCBS 424: Basel III: Finalising post-crisis reforms, December 2017, https://www.bis. org/bcbs/publ/d424.pdf.
108. BCBS 425: Discussion paper: The regulatory treatment of sovereign exposures, December 2017, https://www.bis.org/bcbs/publ/d425.pdf.
109. BCBS 429: Technical Amendment – Basel III: Treatment of extraordinary monetary policy operations in the Net Stable Funding Ratio, December 2017, https://www.bis. org/bcbs/publ/d429.pdf.
110. BCBS 432: Consultative Document – Pillar 3 disclosure requirements – updated framework, February 2018, https://www.bis.org/bcbs/publ/d432.pdf.
111. BCBS 433: Basel III Monitoring Report, March 2018, https://www.bis.org/bcbs/publ/ d433.pdf.
112. BCBS 435: Technical Amendment – Pilar 3 disclosure requirements – regulatory treatment of accounting provisions, March 2018, https://www.bis.org/bcbs/publ/d435. pdf.
113. BCBS 436: Consultative Document Revisions to the minimum capital requirements for market risk, March 2018, https://www.bis.org/bcbs/publ/d436.pdf.
114. BCBS 441: Criteria for identifying short-term "simple, transparent and comparable" securitisations, May 2018, https://www.bis.org/bcbs/publ/d441.pdf.
115. BCBS 442: Capital treatment for simple, transparent and comparable short-term securitisations, May 2018, https://www.bis.org/bcbs/publ/d442.pdf.
116. BCBS 445: Global systemically important banks: revised assessment methodology and the higher loss absorbency requirement, July 2018, https://www.bis.org/bcbs/publ/d445. pdf.
117. BCBS 446: Technical Amendment – Pillar 3 disclosure requirements – regulatory treatment of accounting provisions, August 2018, https://www.bis.org/bcbs/publ/d446. pdf.
118. BCBS 455: Pillar 3 disclosure requirements – updated framework, December 2018, https://www.bis.org/bcbs/publ/d455.pdf.
119. BCBS 456: Consultative Document – Revisions to leverage ratio disclosure requirements, December 2018, https://www.bis.org/bcbs/publ/d456.pdf.
120. BCBS 457: Minimum capital requirements for market risk, January 2019, https://www. bis.org/bcbs/publ/d457.pdf.
121. BCBS 457: The market risk framework In brief, January 2019, https://www.bis.org/ bcbs/publ/d457_inbrief.pdf.
122. BCBS 457: Explanatory note on the minimum capital requirements for market risk, January 2019, https://www.bis.org/bcbs/publ/d457_note.pdf.
123. BCBS 462: Consolidated Basel Framework, April 2019, https://www.bis.org/bcbs/publ/ d462.pdf.
124. BCBS 468: Revisions to leverage ratio disclosure requirements, June 2019, https:// www.bis.org/bcbs/publ/d468.pdf.
125. BCBS 484: Consultative Document: Revisions to market risk disclosure requirements, November 2019, https://www.bis.org/bcbs/publ/d484.pdf.
126. BCBS 485: Consultative Document: Voluntary disclosure of sovereign exposures, November 2019, https://www.bis.org/bcbs/publ/d485.pdf.
127. BCBS 488: Credit Valuation Adjustment risk – targeted revisions, November 2019, https://www.bis.org/bcbs/publ/d488.pdf.

128. BCBS 491: Launch of the consolidated Basel Framework, December 2019, https://www.bis.org/bcbs/publ/d491.pdf.

129. BCBS 507: Targeted revisions to the credit valuation adjustment risk framework, July 2020, https://www.bis.org/bcbs/publ/d507.pdf.

130. BCBS 508: Revisions to the principles for the sound management of operational risk, August 2020, https://www.bis.org/bcbs/publ/d508.pdf.

Printed in the United States
by Baker & Taylor Publisher Services